世界一清潔な空港の清掃人

新津春子

朝日文庫

本書は、二〇一五年一二月、小社より刊行されたものです。

座っていては、何も見つからないんですよ

——文庫化によせて

一日に二〇万人ものお客様《きゃくさま》が訪《おとず》れていた羽田空港から、人がいなくなりました。新型コロナウイルス感染症の世界的流行が始まった二〇二〇年。外国から飛んでくる飛行機が減っていき、羽田から海外へ飛ぶ飛行機もなくなりました。緊急事《きんきゅうじ》態宣言《たいせんげん》が出て、国内を移動する人もほとんどいなくなって、はじからはじまで誰もいない。でも空港は開けておかないといけないから、真っ暗ななかにポツポツと電気がついている。昼間でも薄暗《うすぐら》くて、怖いようなイメージなんです。

私たちが出勤《しゅっきん》しても、お客様は誰《だれ》もいません。たまに空港に遊びにくる人がいるぐらい。それでも空港が開いている以上、清掃《せいそう》をやめることはありません。ですが、以前のように一日４交代でひたすらトイレの汚れとたたかう必要はなくなりま

した。汚れている箇所《かしょ》がないか、建物《たてもの》じゅうを歩いて見てまわる必要もなくなりました。

一気に状況《じょうきょう》が変わってしまったんです。

そのとき、真っ先に思いました。この状況は変えられない。だったらこの時間を使って、今までできていなかったところをきれいにしよう、って。ひっきりなしにお客様が来ているときは、どうしてもあとまわしになるところがあるんですね。高いところとか、ソファや什器《じゅうき》の下とか。だから全部一回きれいにして、お客様が戻《もど》ってきたときに備《そな》えようと思ったんです。それをやってもまだ余裕《よゆう》があれば、何かほかにできることを考えてもいい。まずは、自分たちの足元《あしもと》をしっかりと見ることが大事だと思ったんです。

八年前にこの文庫《ぶんこ》の元本《もとぼん》を出したときは、本当に「単純《たんじゅん》な私」でした。ずっと現場《げんば》の仕事をやってきて、そのなかで見たことや感じたことをそのままお伝《つた》えしました。私の場合、頭で考えるのではなくて、体を動かすなかからしか、言葉って出てこないんです。ただ、自分が体験《たいけん》したことを知ってもらいたいという気持ちはありました。苦労《くろう》話がしたかったわけじゃないんです。そうじゃなくて、日本の人たちは豊《ゆた》かな場所で生まれたんですよ、この豊かさは当たり前じゃないんですよ、ということを知ってもらいたかったんです。

今は、掃除道具《そうじどうぐ》ひとつとっても、ものすごくたくさんのものが売られています。でも、道具ばっかり揃《そろ》えても、うまくお掃除できなくて困っている人がたくさんいますよね。本来は、タオル一枚でもお掃除できるのに、小さいときから買うことに慣れていると「あるもので工夫しよう」「ないなら自分でつくろう」という発想《はっそう》にならないんです。

私が育《そだ》ったのは中国の瀋陽《しんよう》という町で、経済的に発達《はったつ》した環境《かんきょう》ではありませんでした。その分、「ないならじゃあ、どうやって道具をつくろう」と考えることができました。小さいときからそうやってきたから、豊かな日本で育った人たちにも、工夫すれば自分の手でなんとかできるんですよ、と知ってもらいたかったんです。

本を出したりテレビに出たりするようになって、とてもうれしかったことがあります。現場に出ているスタッフさんたちが、「今日、清掃している最中に、お客様から『ありがとう』と言われましたよ」と、うれしそうに報告《ほうこく》してくれることが増えたのです。私がテレビ番組《ばんぐみ》で「私たちは清掃していても、ひとことも褒められたことありません。私たちの姿、全然目に入ってないんですよ。清掃の仕事は下に見られてますよね」と言ってしまったからだと思うんですけど（笑）。お客様アンケートでも褒め言葉が増えて、クレームが少なくなりました。

だけど人間は忘《わす》れっぽいから、一時的にバーッと注目《ちゅうもく》を集めても、またすぐに元に戻ってしまうんです。生まれた変化《へんか》を長く持続《じぞく》するには、常に動いてないといけない。

そう思って始《はじ》めたチャレンジのひとつに、ハウスクリーニング事業があります。うちはビルメンテナンスの会社なので、ハウスクリーニングはやっていなかったんですね。実はそのころ、私の働き方に変化がありました。現場に出られなくなっていたんです。理由は、テレビに出演したあと、私を探《さが》しにくる人がいっぱいいて、作業がしにくくなったこと、加えて、管理職《かんりしょく》になったので、空港の現場に出ることができなくなったことです。

以前なら、急に欠員《けついん》が出たら自分が行って埋《う》めましたが――今でもいざとなれば行くと思いますが――、スタッフの人数も揃ってきたし、もう私が行く必要はない。そうなったときに、「だったらハウスクリーニングをやろう」と思いました。その新しい仕事なら、私が技術者《ぎじゅつしゃ》として現場に入っても問題ないですから。

わがままで言ってるんじゃないですよ。清掃の仕事は、現場を離れるとあっというまについていけなくなります。道具も洗剤類《せんざいるい》も常に進化しているし、床やテーブルの材質だって毎年変わります。

新しい現場に入ったときになんにもわからなかったら、どうして技術者と言えますか？　私がなんにもやってなくて、ただ座っているだけだったら、これまで私がみんなに教えたこと、この本に書いたことの価値が変わりませんか？

自分自身をどんどん更新《こうしん》しなければ、せっかくこれまでやってきたことが、そこで終わってしまうと思うんです。

常に初心《しょしん》を忘れずに、なおかつ新しいものを見つける。座っていては、何も見つからないんですよ。だって頭で考えることと、実際に経験《けいけん》することは違《ちが》うんですから。現実を見ないでどうやって考えるの？　だから、現場を手放《てばな》してはダメなんです。

この八年のあいだ、いろんなことをやってきましたが、同じ業界の人たちが喜んでくれて、「新津さんのおかげで、私たち仕事しやすくなってきました」と言ってくれます。そういう言葉を聞くと「やってよかったな」と思うし、だったらまた新しいことをやろうという気持ちがわいてくる。そうやって常《つね》にアンテナを立てているんです。

コロナの状況が厳《きび》しくなって、動きたくても動けない状態が長く続きました。

それでも、ただ座っていたわけではありません。空港でしか売っていなかったオリジナルグッズや機内《きない》弁当を外で販売させてもらったり、少しでも会社の収益《しゅうえき》と仕事をつくろうとユーチューブを始めたり。

どうしよう、どうしよう、と言ってても、誰も助けてくれないんですよ。自分で行動しないと。待っていてもお客様が来てくれないなら、私たちが外へ出れば、お客様はきっとまた帰ってきてくれる。そう思って、やったことがないこともやってみたら、みんなのモチベーションが上がって、一体感《いったいかん》が生まれたんです。だから、コロナは大変だったけど、悪いことばかりじゃなかったですよ。

二〇二三年の春を過ぎて、羽田空港は、一〇〇パーセントではないけれど、かつての姿《すがた》を取り戻しつつあります。

私がいま持っているものは、若いときから教わってきたものです。自分の体に染《し》みついているものを、行動しないで持ったままお墓《はか》に持っていっても仕方《しかた》がありません。

私の目標は、清掃業界全体をレベルアップすることと、日本の家庭のお掃除をラクにすること。

私が生きていて、話したこと、行動したことのなかに、たったひとつでも、誰かの記憶《きおく》に残《のこ》るものがあれば、それで十分。私はそのために前に進み続けます。

新津さんのこと

NHK制作局経済・社会情報番組部
「プロフェッショナル仕事の流儀」ディレクター
築山卓観

「誰がやったから、じゃないのよ。きれいねってお客様が思ってくれる、それで十分じゃないですか。お客様が喜んでくれれば、それでいいんです」

密着ロケの終盤。深夜三時、誰もいない羽田空港《はねだくうこう》のトイレでこの言葉を聞いた時、思わず熱いものがこみ上げてきたのを今も鮮明《せんめい》に覚《おぼ》えています。ビル清掃《せいそう》のプロ・新津春子さんが教えてくれた仕事の流儀。私にとっても今、仕事に向き合う時の大切な指針です。

二〇一四年一〇月。私は「プロフェッショナル仕事の流儀」というドキュメンタリー番組の取材で、羽田空港にいました。企画《きかく》していたのは「清掃のプロ」。日本の清潔《せいけつ》さは、まさに世界屈指《くっし》、ならばその美しさを支えている凄腕《すごうで》清掃員もいるはずだと考えたのです。そして幾人もの清掃員の方を取材していく中で耳にしたのが「羽田空港に、日本一の清掃員がいる」という噂《うわさ》。こうして人づてにたどり着いたのが新津春子さんでした。

「待たせたねー、場所わかりにくかった？　ごめんなさいね！」

人懐《ひとなつ》っこい笑顔で迎えてくれたのは、想像《そうぞう》よりも小柄で細身の女性。体力勝負の清掃で技能日本一と聞き、勝手《かって》に大柄でたくましい女性をイメージしていた私にとって、終始ニコニコ顔で全く凄《すご》みを見せない新津さんは、正直意外でした。

そして、その半生はもっと意外。少し片言《かたこと》の日本語だったのでお話を聞くと、第二次世界大戦の時に中国に取り残された日本人を父に持つ、中国生まれの残留日《ざんりゅうに》本人孤児《こじ》二世《ほんじん》だというのです。「一七歳で日本に帰ってきたんだけど、家族みんな日本語できないでしょ？　だから仕事もなくて。でも言葉できなくても清掃はできるから、それから二〇年以上、ずっと清掃の仕事をしてるの」

さらに新津さんは続けました。「清掃の仕事は確かにきついです。３Ｋって言われてる。まだ社会的地位も低いと思う。でも、だから何？　私は気にしてない、だって私はこの仕事が大好きだから」

そう言ってにっこりとほほえんだその笑顔に一目惚《ひとめぼ》れし、その場で出演をお願いしました。

こうして始まった密着取材《みっちゃくしゅざい》。現場《げんば》での新津さんは、とにかく生き生きとして、清掃を心底《しんそこ》楽しんでいる、まるで少女のようでした。普通なら見逃しそうなわずかな汚《よご》れを数十メートル離れた所から見つけ、「あった！」と叫ぶと、嬉々《きき》として落としていくのです。そのために使う洗剤は八〇種類を超え、自《みずか》ら清掃道具を開発《かいはつ》してまできれいにしようとするこだわりぶり。しかも新津さんは、ただ目に見える汚れを落とすだけでは満足しません。たとえばトイレに設置してある手の乾燥機。ぱっと見てきれいになったので、撮影クルーが「きれいになりましたね」などと言ってもどこか不満げ。「臭《にお》いが残っているとだめだから」と、乾燥機を分解して中を清掃し始めたのです。その徹底ぶりは、床、ガラス、鏡、便器、あらゆるものに及び、まるで空間そのものを清掃しているかのようでした。

どうしてそこまでするのか。新津さんは笑って答えました。

「仕事をしている以上プロですよね。プロである以上そこまでやんないと。気持ち。別に誰に言われてるわけでもないけど。でもこうすると全体がきれいに見えるでしょ。やっぱり、全体をきれいにすると気持ちいいじゃないですか」

そして自らの〝仕事の流儀〟を、こう表現しました。

「心を込《こ》める、ということです。心とは、自分の優しい気持ちですね。清掃をするものや、それを使う人を思いやる気持ちです。心を込めないと本当の意味で、きれいにできないんですね。そのものや使う人のためにどこまでできるかを、常に考えて清掃しています。心を込めればいろんなことも思いつくし、自分の気持ちのやすらぎができると、人にも幸せを与えられると思うのね」

衝撃《しょうげき》を受けました。掃除は誰もが常日頃《つねひごろ》していると思いますが、少なくとも私は水回りや汚れた所を掃除する時、面倒くさがってしまいます。嫌な気持ちになり、汚れを見て見ぬふりをしてしまうこともあります。汚れたものを思いやることや、優《やさ》しさを持つなんてできないかもしれない。それを新津さんは自分のためではなく、自然と、そこを使う誰かのためにしている。

「人に評価されるからやってるわけではないんですよね。そこまで私は思ってないんです。自分がどこまでやれるか、自分を清掃の職人《しょくにん》だと思っているんです。あくまでそれをやった上で、人がこう感じました、喜ばれたというのが人の評価ですから。すべてが人に褒《ほ》められるということを目的にしていないんです」

そのどこまでも優しい心は、清掃の域《いき》に留《とど》まりませんでした。ロビーで電車の磁気カードを拾えば、持ち主を探しに空港中を駆《か》け回ります。道に迷った人がいれば、率先《そっせん》して道案内。荷物で手がふさがっている人がいれば、先回りしてドアを開けて待ちます。それがたとえ夜勤《やきん》明けでふらふらであっても、絶対に疲れた顔を見せませんでした。それどころか、もっとお客様のためにできることはないか、どこまでも奥深く自らの仕事を突《つ》き詰《つ》めようとする姿《すがた》がありました。

「空港は家と思っているんですよ。自分の家だと思っているんで、おもてなしでないといけないんです。自分の家に、いつも来てくださいよって、リラックスしてくださいよって。リラックスっていうのが、きれいでないといけないんですよ」

新津さんは、決して順風満帆《じゅんぷうまんぱん》な半生《はんせい》を送られてきたわけではありません。残留日本人孤児二世というだけで中国でも日本でもいじめにあい、自らの居場所《いばしょ》を見いだせずにいたそうです。さらに日本に帰国した際は十分な蓄《たくわ》えもなく、一時はパンの耳を食べて過ごした日々もあったと聞きました。

それでも、決してうしろを振《ふ》り向くことはしない。誰に気づかれなくてもいい。誰に認められなくてもいい。ただ、この場を使う人がきれいだって喜んでくれるだけで救われる。

新津さんは、今は十分幸せな人生を送っている、と言っていました。

そして朝六時、夜勤を終え、へとへとの姿でゴミ拾いを続けた新津さん。

「今日も、お客様にとって幸せな一日になるといいね」

私は、胸《むね》が一杯《いっぱい》になりました。


「プロフェッショナル仕事の流儀」はこれまで、さまざまな分野で活躍中のまさに一流のプロの方にご出演いただいてきました。一流と呼ばれる人の多くはすでにメディアに注目され、社会的に高い評価を受けておられる方も少なくありません。でも今回改めて感じたのは、プロ中のプロは地位や名誉とは別の所にもいるということ。気づかないだけで実はもっと身近にいらっしゃるのかもしれません。そしてそういう方々が、人知れず誰かのために全力を尽くしている姿にこそ、私をはじめ、多くの人が心動かされるのではないでしょうか。新津さんに密着した一カ月、私も取材者としての姿勢を見つめ直し、まるで心が洗《あら》われていくような、充実《じゅうじつ》した時間を過ごさせていただきました。

ロケの最終日。別れ際《ぎわ》に、ひとつの質問をしました。

「あなたにとって、プロフェッショナルとはどんな人だと思いますか？」

返ってきたのは、懸命《けんめい》に自らの仕事に向き合っているすべての人の背中を押す言葉。

仕事に悩んだとき、困ったとき、つまずいたとき、いつも私を支えてくれます。

「目標を持って、日々努力《どりょく》し、どんな仕事でも心を込めることができる人が、プロフェッショナルだと思います」

もくじ

第1章　歩いてきた道

第4章　家族について

かんたんな自己紹介

こんにちは。新津春子ともうします。私は一七歳のときに中国から日本に来ました。以来、二五年間以上、清掃の仕事をしています。仕事をするときは、やるべきこと、自分にできること全部、を続けるようにしています。

その私の仕事を、NHKの番組が取り上げてくださいました。以来、人前でお話をする機会をいただくようになりました。この本の執筆《しっぴつ》の話をいただいたのも、そのひとつです。

ただ、セミナーや講演《こうえん》などでお話しさせていただいた日の帰り道、毎回一緒に来てくれる同じ会社の生沼《おいぬま》次長に聞いてしまうことがあります。

「次長、今日の話、あれでよかったのかな？　みんなつまらなくなかったかな？」

テレビの反響は大きくて、数多くの方々が集まってくださるのですが、私の話なんて何かの役に立つのか、とても不安なんです。どうしてこんなにみんなが私の話を聞きたいと思ってくださるのか。今でも、自分ではよくわかりません。

そんなとき、生沼次長はこう言ってくれます。

「新津さんは、聞かれたことに対して、何も隠《かく》さずに、一生懸命《いっしょうけんめい》、素直《すなお》に話していますよね。それがいいんだと思います。だから、そのままでいいと思いますよ」

ですから、私はその言葉を信じて、この本でも、素直に、思ったことを伝えようと思います。

一七歳で中国から日本に来たころ、日本は何十年分も先に進んだ国でした。驚くようなことばかりで、とにかくワクワクしました。でもすぐに、「生きていくための問題」に直面しました。言葉も習慣も違う場所で、自分の生活をどう築《きず》いていけばいいのか。とにかく夢中《むちゅう》でやってきたように思います。みなさんのご参考になるかどうかわかりませんが、生きていくなかで考えたことを正直に書かせていただきました。

それから、もうひとつ気になるのが、あたりまえですが、私の考えがすべての人にあてはまるわけではないと思っているということです。

たとえば「素直」ということひとつとっても、人によってはとても難しいことですよね。なぜなら、何も隠さずに、自分の思ったことを素直に話すことは、そう思わない人たちから批判を受けることも多いから。自分に素直になった結果、輪《わ》からはずれてしまう場面も少なくないかもしれない。ですから、今悩んでいる人にただ「素直になれ」と言っても、無理な場合もあると思っています。

私より弱い人もいれば、強い人もいます。要領《ようりょう》のいい人。不器用な人。健康な人。障《しょう》がいのある人。日本で暮《く》らしている海外の国の人。いろんな人がいますが、ひとりひとりが違う人間だからこそ、人に優しくできるのだと思います。そして、ひとりだということは、怖いことではありません。この本を読んで、ひとつでもふたつでも、うなずいたり、心が軽くなったりすることがあれば、とてもうれしいです。この本があなたの居場所のひとつになりますように。

ブックデザイン　寄藤文平＋垣内晴（文平銀座）
写真　朝日新聞出版写真部　東川哲也
編集協力　長瀬千雅
協力　日本空港ビルデング株式会社
日本空港テクノ株式会社
公益社団法人　全国ビルメンテナンス協会
公益社団法人　東京ビルメンテナンス協会
一般財団法人　建築物管理訓練センター

作業中
しばらくの間
お待ち下さい

第1章　歩いてきた道

私たちも人間なんですよ。

羽田空港《はねだくうこう》ターミナルの清掃員として働き始めてすぐのことです。

お客様が私の目の前にゴミをぽいっと投げ捨てて行きました。すぐそばにゴミ箱があるにもかかわらず。「お前が拾って当然だ」という態度です。そう考えてすらいなかったかもしれません。

清掃員はまるで召《め》し使いか透明《とうめい》人間。そんなふうに扱《あつか》う人は少なくありませんが、そのような仕打ちをされても、清掃員は何も言い返すことはできません。憤《いきどお》りの感情は飲み込んで、黙ってゴミを拾い、清掃を続けます。

家族で日本へ移ってきて、日本語も満足に話せない高校生の私に見つけることができた仕事は、清掃のアルバイトだけでした。私が学費や生活費を稼《かせ》ぐことができたのは清掃の仕事があったおかげです。私は自分でこの仕事を選びました。

清掃の技術をひとつひとつ身につけていって、羽田空港で働き始めたのは二四歳のときです。今の第1ターミナルができて少し経《た》ったころです。それから一九九八年に国際線ターミナル（第3ターミナル）ができて、二〇〇四年には第2ターミナルができました。最近では、二〇一四年三月に国際線ターミナルがリニューアルされましたね。利用者がどんどん増えて、空港はどんどん大きくなっていきました。

今も若い人によく言うのですが、私は、空港に一歩入ったら、自分の家だと思って仕事をします。そして、誰でも自分の家にきたお客様にそうするように、今日のお客様はどうかな、この人は何か困っているのかな、何を聞こうとしたのかなって、ひとりひとりのお客様をちゃんと見るようにしています。

だから、清掃員を透明人間だと思っている人に出会うと、すごく悲しくなってしまうんです。私たちも人間なんですよ、って。

でも、その人個人を責めても仕方《しかた》がない。そういう環境で育った人だと思うから。たとえば、「勉強をしないと掃除夫《そうじふ》にしかなれませんよ」というような親に育てられた子どもは、清掃の仕事は尊敬《そんけい》しなくていいと思うようになってしまうでしょう？

そういうふうに大人になってしまった人たちを一人ずつつかまえて説得《せっとく》しても、考えを変えることはできないと思います。そうしたいとも思いません。

それよりも、社会の価値観《かちかん》そのものを変えていきたいと思うのです。

そのためには、私たち清掃員がいい仕事をするしかありません。自分の仕事に誇《ほこ》りを持って、納得できるまできちんとやり遂《と》げること。それを続けていれば、気づいてくれる人は必ず現れます。

「ここのトイレはいつもきれいですね。ありがとう。きれいに使わなくちゃね」

羽田空港でトイレ清掃の現場に入っていたときに、利用者の男性から言われた言葉ですが、こういう言葉を聞くと、本当にうれしい。自分が褒められたからうれしいのではなく、清掃の仕事をきちんと認めてくださっているのがうれしいのです。

今、羽田空港（第1・第2旅客《りよかく》ターミナル）には一日約五〇〇人の清掃員が働いていますが、みんながそういう気持ちで仕事をしてくれているからこそ、「世界で最も清潔な空港」に二年連続で選ばれることができたのだと思います。

清掃は面白い仕事です。毎日違うお客様が来て、そこでひとときを過ごす。どうしたら気持ちよく過ごしてもらえるか、考えて、工夫して、それがお客様に伝わったときは本当にやりがいを感じます。技術を磨いていく喜びもあります。清掃員は「職人」。そういう誇りを持って仕事をしています。

自分が褒められたからうれしいのではなく、清掃の仕事をきちんと認めてくださっているのがうれしいのです。

今日より明日、明日よりあさって、いい生活をしたい、と思うでしょ。

私は高校に通《かよ》いながら、アルバイトを三つ掛《か》け持ちしていました。

そう言うと、すごく苦労をして大変だったように思われるかもしれませんが、私は一度も苦労だと思ったことはないんですね。今日より明日、明日よりあさって、いい生活をしたいということだけ。これくらい働けば給料《きゅうりょう》が入って、これを買えるんだって、それしかありませんでした。

だって、日本には、見たことのないものがたくさんあったのです。

私は一七歳のとき、生まれ育った瀋陽《しんよう》を離れ、父、母、姉、弟とともに日本にやって来ました。

父は、戦争で中国に渡っていた日本人の子ども、いわゆる中国残留日本人孤児で、一歳のときに実の親と生き別れ、中国人の養父母《ようふぼ》に育てられました。

母は中国人です。母の実家は七人きょうだいの大家族で、母のいちばん下の弟は、私の姉の五歳上、私とも七つしか違いません。親戚《しんせき》同士の結びつきの強い、中国的な家族観のなかで私は育ちました。

私が生まれた二年後の一九七二年に、日本と中国は国交《こっこう》を回復《かいふく》しました。それからしばらくして、中国残留日本人孤児の肉親《にくしん》探しの制度《せいど》が始まり、父はそれに参加して、日本を訪《おとず》れました。

帰ってきた父は、「日本に行って、日本で暮らそう」と言いました。

当時の日本は、戦後の経済成長を遂げて、繁栄《はんえい》のまっただなか。それに比べて中国は「五〇年遅れている」と言われていました。父としては、子どもたちに進んだ日本を見せてあげたい、日本の教育を受けさせてあげたいという気持ちもあったと思います。

実際に永住《えいじゅう》帰国をするにはたくさんの面倒《めんどう》な手続きが必要でした。残留孤児は日本国籍《こくせき》がないんですね。父も中国人として育てられました。一九八一年に日本政府は残留日本人孤児四七人を肉親探しのために日本へ招いて、永住帰国する人も現れ始めましたが、逆に言うと、肉親の身元保証人《みもとほしょうにん》が見つからないと、帰国が難しくなるわけです。日本政府は身元保証人がいないと帰らせないという方針《ほうしん》を取り続けました。私はあまり詳《くわ》しいことは聞いていませんが、父は相当、苦労したと思います。

そしてようやく、私たち一家は成田空港に降り立ちました。一九八七年の六月のことでした。

日本での暮らしは驚くことばかりでした。当時の中国では洗濯機を使っている家庭はほとんどなく、テレビもまだ白黒。洋服は人民服しかなくて、色も一色だけ。中国では、毛沢東が指導《しどう》した文化大革命《ぶんかだいかくめい》が一九六六年に始まり、一九七六年まで続きました。大勢《おおぜい》の人が犠牲《ぎせい》になりました。勉強もおしゃれも禁止されました。だから、日本へやって来て、どれほどびっくりしたか。こんな色鮮《あざ》やかな洋服があるんだ、こんなにいっぱい食べものがあるんだ、って。

日本での生活は苦しかったです。生活保護を申請《しんせい》しますかと聞かれましたが、父は、働けるからと生活保護の受給《じゅきゅう》は拒否しました。でもやはり安定した仕事を見つけるのは難しかった。私は自分の学費や生活費を自分で賄《まかな》わなければなりませんでした。すでに働いていた姉は給料を全額うちに入れていましたが、私はそこまでしない代わりに、家族の食費を出していました。力持ちなので、買い出し係と兼《か》ねて。

レトルトのハンバーグが気に入って、テープでくるっと巻《ま》いてある三個百円のをよく買って帰りました。でも元の値段がいくらかは知らないんです。安売りでしか買わないから。お豆腐《とうふ》三丁百円とか、卵もSSサイズ一〇個で六八円とか。少しでも安いものを求めて、自転車で二駅先まで買い出しに行っていました。

ハンバーグより何より「すごい！」と思ったのは日本の果物《くだもの》です。メロンを食べてびっくりしちゃったんです。ぶどうやみかんも衝撃でした。いちごだって、あんなにやわらかいものだと思っていませんでした。それを、半年間だけ同居《どうきょ》したおばあちゃんのためによく買いました。おばあちゃんは、「いいのよ、そんなにお金使わないで」と言いましたが、私は、ずっと苦労しどおしのおばあちゃんに、おいしい果物を食べてほしかった。ただ一緒に食べたかったのです。
あれがない、これもないと、ないものをくよくよと数えていたら、つらいだけだったかもしれません。だけど、今日より明日、明日よりあさって、よりよくなるという希望があったから、私にとって身を粉《こ》にして働くことは苦労ではなく、喜びだったのです。

今日より明日、明日よりあさって、
よりよくなるという希望があったから、
私にとって身を粉にして働くことは苦労ではなく、
喜びだったのです。

「ケンカするならめちゃくちゃにやりなさい」とおじさんに教わりました。

小学校二年生か三年生になったころ、学校でひどいいじめを受けるようになりました。

「鬼子《クイズ》！　鬼子《クイズ》！　帰れ！　帰れ！」

そうはやし立てられても、何も言い返せず、泣きながらうちに帰っていました。

「日本鬼子《リーベングイズ》」というのは、日本人は鬼畜《きちく》だ、人でなしだという意味の差別用語《さべつようご》です。

私が子どものころは、中国の小学校では、抗日《こうにち》戦争映画を定期的に上映して、生徒たちに見せていました。非道《ひどう》な行いをする日本兵に中国人民が立ち向かい、最後は中国が勝つ。子どもたちは喝采《かっさい》をあげます。

父はずっと自分が日本人であることを隠していました。母も父が残留日本人孤児であることを知らずに結婚したそうですが、文化大革命の時代ですから、そうするしかなかったのです。つかまったら大変ですから。ひどいときは生きていられません。

そして日中友好の時代がやってきて、父が残留日本人孤児で日本に肉親探しに行くかもしれないとなった途端《とたん》に、いじめが始まりました。先生がクラスメイトたちに言ったんです。

なんで⁉ 私、何か悪いことした⁉

そう心のなかでは思うのですが、おとなしかった私は毎日、うちに逃げ帰ることしかできませんでした。

ある日も、泣きながらうちに帰ると、七つ上のおじさん（母のいちばん下の弟）がいました。どうして帰ってきたのかと聞かれたので理由を答えると、私の手を引いて学校に取って返します。「いじめたのはどいつだ？」と聞くので、「この子」と指を指《さ》すと、おじさんはその子に殴《なぐ》りかかったのです。その子のうちまで追いかけていって、家のなかでも暴《あば》れて、めちゃくちゃにして、親にいじめたことを言いつけ、最後は詫《わ》びさせました。

「ケンカするんだったら、逃げるんじゃなくて、こうやるんだ」

それ以来、私は変わりました。

逃げて泣いているだけではだめなんだ。今度いじめてくる子がいたら、立ち向かって、絶対勝とう。そう思いました。

負けないためには腕力《わんりょく》が必要です。おじさんの教えに奮起《ふんき》した私は、翌日から、体を鍛《きた》え始めました。

そうしたら、四年生になって砲丸投《ほうがんな》げの選手に選ばれたんです。市の代表にも選ばれました。それで練習するから、さらに体が強くなる。いじめられないためにがんばったら、思わぬところでご褒美《ほうび》がもらえたような感じです。そうして、認められると、いつのまにかいじめもなくなっていました。

今でも体を鍛えることは続けています。あのときにおじさんが体を張って教えてくれた立ち向かう強さと勇気が、今でも自分を支えているような気がします。

逃げて泣いているだけではだめなんだ。
今度いじめてくる子がいたら、
立ち向かって、絶対勝とう。

「それ、いじめじゃないですか？」

日本に来て、ある程度日本語が話せるようになったころのことです。

父はある運送会社で働くようになったのですが、ある年の夏に、職場の納涼会《のうりょうかい》があったんです。海で底引《そこび》き網《あみ》体験をして、獲《と》れた魚をみんなで食べる、家族参加のイベントです。数十人ぐらいいたでしょうか。

参加者のなかに、肌《はだ》の黒い若者たちがいました。どこの国の出身かはわかりませんが、海外から日本に働きに来ていたのだと思います。

彼らは日本語が話せなかったのですが、わからないなりに一生懸命、アピールしようとしていたのですね。みんなを笑わせようとして、おどけてみせたり、ふざけたりしていました。そうしたら、それを見ていた日本人の一人が、職場のわりと偉《えら》い人だったと思うのですが、「バカだ」と吐き捨てて、ものを投げつけたのです。

明らかにバカにした態度でした。

私はどうしても黙っていられませんでした。

「それ、いじめじゃないですか？」

その人にそう言いました。

「あの人たちは日本語がわからないかもしれないけど、その言いかたは違うんじゃないんですか。人をバカと言うあなたの方がもっとバカじゃないんですか」

その人は驚いたような顔でこっちを見ましたが、すぐに奥さんがあいだに入って、「もうやめなよ」と引っ張って連れていったので、その後どうしたのかはわかりません。反省したのか、それとも、小娘にあんなことを言われて悔《くや》しいと思ったでしょうか。

父親の上司《じょうし》に当たるわけですから、普通はそういう人を面と向かって咎《とが》めたり、言い返したりはしないのかもしれません。でも、私は性格的に、間違《まちが》っていると思ったら言わずにはいられないんです。職場で父につらくあたっているのだろうなと思うとそれだけは心配でしたが、それでも言わなければよかったとはまったく思いません。父も何も言いませんでした。

あの人たちのためとか、そんなことを考えていたわけではありません。ただ言わずにはいられなかった。それだけのことです。

人をバカと言うあなたの方がもっとバカじゃないんですか。

自分の人生をめいっぱい生きていたら、親は喜んでくれるんじゃないかな。

アルバイトで清掃をしていたある一時期、私は、みぞおちのあたりにベルトをぎゅっと強く巻いて、仕事をしていました。そうしないと、胃が痛くて痛くて、立っていられないんです。そうしてなんとか仕事をこなすような状態でした。

今考えれば、やはり、いじめや差別など、いろんな悔しい思いを我慢《がまん》していたんだと思います。職場で財布がなくなって、「どうせ中国人だろ」と言われたこともありました。私自身が疑《うたが》われたわけではなかったけれど、忘れたくても忘れられません。

だけど、どんなときでも、明るくいようと思っていました。今でも「新津さんはどうしていつもそんなに元気でいられるんですか？」と言われますが、ずっと落ち込んでいると、何かやろうという気持ちがわいてこなくなってしまうのです。

小さいときからじっとしているのが苦手で、とにかく何かしていないと気がすまない質《たち》の私が、やる気をなくしてふさいでいたら、たぶん家族が真っ先に心配するでしょう。どうしたの？　あなたらしくないみたいよ、って。

せっかくこの世界に生まれたのだから、生きているときにめいっぱい、いろんなことをしよう。楽しくしていよう。それが私の考えです。

なぜって、生きたくても生きられなかった命、生まれたくても生まれてこられなかった命が、この世界にはたくさんあるんです。そのなかで、両親は私を生んでくれた。親からもらった人生をどう生きるか。それは私の責任です。

中国では親の言うことは絶対《ぜったい》です。今はだいぶ違っているかもしれませんが、少なくとも私が子どものころは、親に逆らうという発想すらありませんでした。うちの両親は特に厳《きび》しくて、一人でよその家に遊びに行くのは絶対にダメ。親と一緒のときでも、子どもは親のうしろにぴったりとくっついて立っていないといけなくて、いいと言われるまでは座《すわ》ってもいけないんです。お菓子《かし》を出されても、いいと言われるまでは食べることもできません。

一七歳で日本に来てからも、門限《もんげん》は九時と決められていました。一分でも過ぎたら、ドアを開けた途端《とたん》に父が待ち構えていて、「何時だと思ってる！」。それは厳しかったです。

日本で暮らし始めてしばらくしたころ、「私は私のやりたいようにやる」と、両親に強く主張したことがあります。ちょっと、反抗期《はんこうき》だったのかな。母には、「情けないことを言わないで。どれだけ苦労してあなたをここまで育てたか」と泣かれました。夜も寝ないで世話をしたとか、雨の日に三人のきょうだいを自転車にのせて、大きなビニールシートで覆《おお》って濡《ぬ》れないようにして送り迎えをしたとか。そのとき私は、「それは親の責任でしょ。子どもは自分じゃできないんだからしょうがないでしょ」と言ってしまいました。「あ、言い過ぎた！」とすぐに後悔《こうかい》しました。今もずっと、悪いことをしたなと思っています。

私は生まれたとき、一〇〇〇グラムにも満たない未熟児《みじゅくじ》で、お医者さんに「この子は九九パーセント育ちません」と言われたのだそうです。お母さんは毎日のように泣いていたそうです。その小さな赤ちゃんがなんとか無事に育って、立って、歩くようになってもずっと心配だったと言っていました。小学校六年生になるころには身長一二八センチで体重が四五キロもあるような、立派な健康児になったんですけどね。

今では、両親の愛情がわかります。そして、親が子どもに対して責任があるように、大人になった子どもは親に対して責任があると思うようになりました。親が自《じ》慢《まん》できるような子どもに、なれているかな？　たぶん、私が自分の人生をめいっぱい生きていたら、親は喜んでくれるんじゃないかなと思います。

親が子どもに対して責任があるように、
大人になった子どもは親に対して責任があると
思うようになりました。

大人はずるい方に考えたり、ラクをしようとするでしょ。

「人生をめいっぱい生きる」が私のモットーですが、そのことをいちばん上手に実践しているのは子どもたちだと思います。羽田空港にはさまざまなお客様がいらっしゃいますが、なかでも、子どもたちはたくさんのことを教えてくれます。

何かをやるときに、何も考えない。やりたいからやる、楽しいからやる。子どもが楽しそうにしていると自分も楽しくなります。

私はいつでもそうありたいと思っているのですが、そんな当たり前で、シンプルなことが、どうして大人になると難しくなるのでしょうね。

どうしても大人は、ずるい方に考えてしまったり、ラクをしようとしたりしがちです。よかれと思ってとか、誰かのためにとか、一見もっともらしい理由をつけることもたくさんあります。結果的にみんなのためになるのならいいのですが、最初からそんな理屈を考えているのは、やはり、私はちょっと違うような気がします。子どもは自分が中心です。自分がやりたいことをただ素直にやっているだけ。怖いものもありません。

そういうまっすぐな気持ちで何かする方が、気持ちよくできると思うんですね。もちろん、わーっと駆け出して何かにぶつかったり、ケガをしたりすることもあるかもしれませんが、それで成長するし、自分中心だから誰かのせいにすることもありません。

考えてみれば、私はずっとそうしてきたような気がします。もともと私の考えが子どもに近いんです。きっと、私のなかのどこかある一部分は、ずっと子どものまま、成長してないんだと思います。

そして、そういう生きかたは悪くないなと思っています。

自分が立ち止まっているな、ラクをしようとしているなと思うときは、必ず童心《どうしん》に帰ります。そのお手本は子どもたちなのです。

自分が立ち止まっているな、
ラクをしようとしているなと思うときは、
必ず童心に帰ります。

うしろを見ると、前に進むのが遅くなるんです。

私は写真を撮《と》るのが好きです。日本に来てからの写真がものすごい量になってきて、整理《せいり》するのが大変なくらいです。

写真を撮るのは、覚えておくためではなく、忘れるためです。

悪いことだけでなく、いいことも、できるだけ忘れたい。普通は、悪いことは忘れるけどいいことは覚えておくという人が多いようで、「いいことも忘れる」と言うとけっこうびっくりされますが、私は、たとえいいことであっても、過ぎたことは過ぎたことだとしか思わないことにしているんです。

最近は思わぬところで仕事が広がって、テレビや雑誌の取材を受けたり、講演やセミナーで自分の経験をお話ししたりという機会が増えているのですが、「新津さん、あのときどうでしたか、このときどうでしたか」と聞かれても、具体的《ぐたいてき》なことを覚えていないことが多くて、申し訳ないぐらいです。

私は、なるべくうしろを見ないようにしていたい。

なぜって、うしろを見ると、前に進むのが遅くなるからです。

どんなことにもスタートがあって、今へと道がつながっています。いろんなことを経験して上達《じょうたつ》していきます。清掃の仕事ももちろんそうです。はじめは何もわからない。経験して、勉強したから、できるようになったことがたくさんあります。それは絶対、忘れるわけにはいきません。そして、その道は今も続いています。もっと新しいことを知りたいし、覚えたい。スタッフの人たちのこともたくさん知りたいし、新しく出会う人たちの名前や顔もちゃんと覚えたい。

そうすると、古くなった要《い》らないものをためこんでおく余裕《よゆう》はないなあと思うんです。私の脳《のう》みそはそんなに大きくないんですね。すぐにいっぱいになってしまう。

だから、思い出は全部写真におさめて、できるだけ頭のなかには入れておかないことにしています。ときどき、写真を見たりするときに、このときは誰々と一緒だったなとか、どこそこに行ったな、楽しかったなと、ちょっと思い出すだけ。倉庫にしまっておくようなものでしょうか。

それより、今です。今、前に進みたい。今楽しいこと、今嫌《いや》なことに全力で向き合いたい。できないことができるようになりたい。今までにできなかったこと、知らなかったこと、新しいことを、前に向かってやるようにすれば、自分が変われるような気がするんです。

今までにできなかったこと、知らなかったこと、新しいことを、
前に向かってやるようにすれば、
自分が変われるような気がするんです。

プロの道具の使いかた

01 お風呂場にはスクイージーを常備《じょうび》

お風呂場の掃除は、水分や湿気《しっけ》とのたたかい。そして、飛び散《ち》ったシャンプーやボディソープなどの石けんかすとのたたかい。放置《ほうち》するとカビやうろこ汚れの温床《おんしょう》になります。時間が経《た》つほど汚れがとれにくくなりますから、毎日こまめに掃除するのがベストです。ですが、お風呂場全部をタオルで毎回拭《ふ》くのは大変です。

わが家では、お風呂場にスクイージー（T字型の窓ガラス用ワイパー）を常備しています。入浴後、お湯をいちばん熱くして、浴槽《よくそう》や鏡、壁、天井《てんじょう》まででまんべんなくかけ流します。石けんかすはだいたい六〇度以上で溶《と》け出しますから、お湯はできるだけ高い温度に。そのあと、スクイージーで水《すい》滴《てき》をかきとります。あとは、一時間半ほど換気扇をまわしておけばオーケー。

換気扇がなければ扇風機をまわし、ドアを少しだけ開けておきます。

スクイージーはゴム製《せい》の、数百円で買えるもので十分ですよ。

02 五徳《ごとく》はお茶碗《ちゃわん》といっしょ

みなさん、料理のあとや食事の片付けのときに、コンロの上や五徳のまわりは拭《ふ》きますよね。では、五徳はどうしていますか？

私の考えかたは、「五徳はお茶碗といっしょ」です。

ごはんを作ったあと、五徳を全部はずしてしまいます。食事のあいだお湯につけておいて、お茶碗といっしょに毎日洗えば、汚れる暇《ひま》がないんです。油汚れやこげつきは、時間が経つほどとれにくくなりますから、「汚れる前に洗う」を心がけるとよいと思います。

魚焼きグリルも同じです。ごはんを作り終えたらお湯で流して洗剤につけておき、食器といっしょに毎回洗います。そうすれば、臭いもほとんど残りません。

03 つけおき洗いは「時間×濃《こ》さ」

私は掃除を終えると毎回、タオルを洗って、台所用漂白剤《ひょうはくざい》でつけおき除菌《じょきん》します。問題は、私は朝掃除をするので、会社に行かないといけないということ。長時間つけっぱなしになってしまうのですね。

そういうときは、つけおきの液をごく薄くします。バケツ一杯の水（約2・5リットル）にキャップ1／3ほど。そこにタオルを二、三枚入れます。つまり、時間が長い分、液を薄くするわけです。反対に、すぐに落としたいときは液を濃くします。たとえば、ワイシャツの黄ばみをすぐに落としたいときは原液《げんえき》をつけ、すぐに洗濯機で洗います。

水の温度も関係しますが、基本的につけおき洗いは、時間の長さ×洗剤液の濃さ。そう考えれば、時間や洗剤を上手に節約《せつやく》できますね。

04 掃除機は二刀流《にとうりゅう》で

忙しいと、大きい掃除機を取り出して、部屋の隅々《すみずみ》まで掃除機をかけるのはなかなか大変です。今度時間のあるときにと先延ばしにしているうちに、髪の毛や細かいゴミが目についてストレスのもとに。

忙しい人ほど、掃除機の使い分けをするといいと思います。

うちは、大きい掃除機のほかに、充電式のハンディタイプのものを一台買ってあります。毎日の掃除はハンディタイプで見える範囲《はんい》のところをささっと。大きい掃除機を取り出して隅々まで掃除機をかけるのは週に一度にしています。最近は、ちょっとひっかけておけるぐらいの重さのコードレス掃除機が出ていますから、気になったときにぱっととってさっとかけましょう。

注意点がひとつ。毎回ゴミを捨てるのでなければ、掃除機はおなかにゴミをためた状態です。雑菌が増えやすいので、吸い込み口にテープを貼るなどしてしまっておきましょう。

第2章　私の生きかた

人と比べるのではなく、私は自分と自分を比べます。

人に言わせると私は負《ま》けず嫌《ぎら》いらしいんですが、自分では負けず嫌いではないと思っています。人と比べるのではなく、私は自分と自分を比べる。決めたことをやり遂げられないと、自分でイライラするんですね。結果が出ていないと、やってないように思えてしまうんです。

あ、それが負けず嫌いということなのかな？

でも、誰かに勝ちたいとか、誰かのようになりたいと思ったことはありません。

私は、自分は頭がよくないと思っています。そんなことないですよと言ってくれる人もいるかもしれませんが、もともと持って生まれた資質《ししつ》もあるし、育った環境もあるから、がんばって勉強しても追いつけない部分がある。冷静に判断して自分は頭が悪いと思っているのですが、人と比べて落ち込むことはしないようにしています。

人と比べるのがなぜいけないかというと、みじめさが残ってしまうんですね。これはいちばんよくないことだと思います。心のなかにみじめさがしのびこむと、心が元気でなくなってしまう気がする。

だったら、自分と自分を比べようと思うんです。そうすれば、今日より明日、明日よりあさってという考えかたで、毎日少しずつ成長していける。そうやって前に進んでいく方がずっと楽しいと思うんですね。

私は文章を読むのがすごく苦手で、学科試験の勉強はとても苦労しました。基本的な理論《りろん》はわかっているのですが、試験となると別なんです。なぜかというと、普通に日本語の文章を読むのに、ものすごく時間がかかってしまうから。問題文をその場で読んで理解していると間に合わないから、独特《どくとく》なやりかたで対策《たいさく》しました。過去問《かこもん》を大量にやるんです。一〇〇〇問以上はやったでしょうか。過去問集を頭から答えていって、途中で間違えたら最初に戻って、最後まで通して正解するまでやるんです。その繰り返し。問題文の意味がわからなくてもそのまま丸《まる》ごと覚えてしまいます。何度かやっていくうちに意味がわかって体に染み込んでくるので、そういう問題を除外《じょがい》していくと、どうしてもわからない問題が残ります。最後はそれを集中して暗記。変わった勉強法だと思いますが、私にとっては、達成感があって、楽しんでできるやりかたでした。

人間はひとりひとり、顔も違えば性格も違います。私は私のやりかたで前に進んでいくだけ。何かができなかった自分から、何かができる自分になることが重要で、それが喜びなんです。

私は私のやりかたで前に進んでいくだけ。
何かができなかった自分から、
何かができる自分になることが重要で、
それが喜びなんです。

隠しても、いずれバレることなんですよ。

どんな仕事でも、自分がどれだけがんばっているかは、自分がいちばんよくわかっているものだと思います。

私が手を抜かないようにしているのは、たとえ他人の目は誤魔化《ごまか》せても、自分のことは誤魔化せないから。これぐらいでいいかで済《す》ませてしまうと、人にはわからなくても、自分が気持ち悪い。自分をだますことはできないんです。

ウソをつくって、神経を使いますよね。ひとつウソをついたら、つじつまを合わせるためにまたウソをつかないといけなくなる。いつどんなウソをついたかなんて、絶対に覚えていられません。隠してもまわりの人にはいずれバレるし、そんなことに労力をかけていたら疲《つか》れてしまいます。だったら、バカ正直と言われても素直に生きている方がラクだし、人間らしくいられると思うんです。

ミスも同じです。ミスをすることは誰でもありますが、それを隠《かく》すと、いつバレるかとひやひやして過ごすことになります。逃げようとしても逃げ切れるものではないと思う。あとから大問題になって、自分では対応できなくなり、大勢の人に迷《めい》惑《わく》をかけるのが、いちばんよくないと思うんです。

若い人にそういう話をすると、「新津さんでもミスしますか⁉」と聞かれるんですが、もちろん私にもあります。若いときから、ミスしたら「あれはこうなりました」と必ず報告《ほうこく》していました。今は、そうですね、頼《たの》まれたレポートや書類が書けなくて、提出期限に間に合わなかったりすることはよくあります。そういうときは正直に、「ごめんなさい、書けません」って。それから文章にすることが苦手なので、代わりにみんなの前で口で説明させてくださいとお願いしたり。反対に、一枚にまとめればいい研修の報告書が、三〇枚になってしまったこともあります。あれもこれも伝えたいし、文章ではうまく説明できないから写真も入れよう、ってやっていたら、そんな枚数になってしまったんです。受け取った方も、びっくりしたかもしれません。全部見てくれたかな？

絶対にウソや隠し事をしてはいけないということではないんです。どうしても抵抗があることは、言わなくてもいい。バカ正直になるのは、案外《あんがい》大変ですから。ただ、自分の心に素直になってくださいということです。心にやましいことがあると、自分が苦しい。心の状態は顔に出ますから、やましさを隠していると、何を言っても、自分に対する説得力が出ないんです。

心にやましいことがあると、自分が苦しい。
心の状態は顔に出ますから、やましさを隠していると、
何を言っても、自分に対する説得力が出ないんです。

頭のなかに余裕がないと、優しい気持ちは出てこないんです。

お客様との出会いは一期一会《いちごいちえ》。常にベストな状態でお客様と接したいと思いますが、やっぱり、ああすればよかった、こうすればよかったと思うことは日々あります。「冷静になって考えてみたら、あのおばあちゃんにこういうふうに答えたのは、ちょっとよくなかったな。こういう言いかたができたな」とか。

自分がいっぱいいっぱいでは、相手に思いやりをもって接することはできません。頭のなかに余裕がなければ、優しい気持ちは出てこないんです。

ですが、この「余裕を持つ」ことがけっこう難しいんですよね。話しかけられているのに気づかなかったり、聞いているつもりで右から左へ抜けてしまったり。ひどいときは、イライラが顔や態度に出てしまったりします。

そういうときは、頭のなかに何か邪魔《じゃま》なものがあるわけです。何か心配事があるとか。嫌なことがあって腹立ちがおさまらないとか。特に女の人は悩むことが多いですから、そういうことがひとつあるだけで、簡単に左右されてしまうのですね。

自分が、余裕を失っているなと感じたら、頭のなかの邪魔《じゃま》ものをなくすことを考えます。余計なものは頭の外へ押しやって、目の前のことに集中する。そうすれば、夢中でやることができるんです。

そうは言うものの、実際にはなかなかできないことも多いです。カリカリしていると、そういう自分に気づけないです。男性は、そういうところはすごく上手ですね。平常心でいることが女性より得意です。私は性格上、怒《おこ》るときはめいっぱい怒ってしまうし、感激したり感動したりも激しいので、コントロールするのが大変。

どうしようもないときは、屋上に行きます。ターミナルビルの展望デッキ。そこからは海も見えるんですね。遮《さえぎ》るもののない空と海を眺《なが》めて、気持ちを落ち着けるんです。そうすると、頭を切り替えて仕事に戻ることができるんですね。

余裕があると、お客様の言葉や仕草の端々《はしばし》から、さまざまなことに気づけます。
常にそういう状態でいたいといつも思っています。

自分が、余裕を失っているなと感じたら、
頭のなかの邪魔ものをなくすことを考えます。
余計なものは頭の外へ押しやって、目の前のことに集中する。
そうすれば、夢中でやることができるんです。

常に誰かに合わせていると、元の自分がわからなくなってしまう。

自分で自分の目標を決める。必ず成果《せいか》を出す。私は自分の性格としてそういうふうにしていますが、すべての人が、私のように強い人間ばかりではないと思います。やろうと決めたことが今日はできなかったとか、思ったような結果が出なかったということは誰にだってあります。もちろん私にもあります。そういうときは、気持ちを切り替えて、また明日がんばればいい。

ただ、「私はこうしよう」「これをやろう」と思う、その「思い」そのものは、絶対になくしてほしくないなと思います。

思いは行動の原点になります。自分の思いがないと、人の思いに合わせて動くことになります。そして、常に誰かに合わせてばかりいると、元の自分がわからなくなってしまうんです。他の人に合わせてばかりいると、まわりの人も、「あの人、本当は何を考えているんだろう」と思ってしまうんですね。

私は、ビルクリーニング技能士《ぎのうし》のほかに、現場監督者や指導員などの資格・免許をとりました。自分が携《たずさ》わらない業務に関《かん》する研修にも出してもらいましたし、今年はハウスクリーニング技能士や病院清掃受託《じゅたく》責任者の試験も受けました。

仕事をしながら勉強するのはけっこう大変です。どうしてわざわざ苦労しているのかなと思いますが、やっぱり、自分がやりたいからなんですね。

私は、職業訓練校《くんれんこう》で、清掃の仕事に役立つ資格にはこういうものがありますよと教わったときに、「順番《じゅんばん》に全部とろう」と決めました。会社に入って真っ先にビルクリーニング技能士の資格をとったのですが、そのとき会社でその資格を持っているのは私以外に二人しかいなくて、女性では私がはじめてでした。

私は、この仕事を続けていくためには当然必要でしょ、これだけがんばっているんだから、とらない手はないよねと考えてとっただけですが、結果的に、新津さんはこういうことがやりたいんだなとか、こういうことができるんだなと、まわりの人にわかってもらえたんじゃないかと思います。

人に言われたからやる、言われないからやらないではなく、私は何がしたいのか。

見失《みうしな》いそうになったら、ひとりの時間を作ったり、ノートに書き出してみたりして、自分に問いかけてみるといいかもしれませんね。

人に言われたからやる、言われないからやらないではなく、
私は何がしたいのか。

簡単に自分を曲げないようにしています。

今の会社で働き始めた初日のことです。その日は蛍光灯《けいこうとう》の清掃をする日で、先輩《せんぱい》たちについて現場へ向かいました。新人の自分が率先して動かなければと思って先に立って歩き出すと、女性の先輩に「あなたはいちばんうしろ」と注意されました。取るに足らないようなことですが、意見の食い違いはこれだけでは終わりませんでした。

蛍光灯の清掃は、一人が二メートル近い高さの脚立《きやたつ》に乗って管球《かんきゅう》をはずし、下の人が受け取って拭《ふ》きます。脚立を押さえる人も必要です。役割を交代《こうたい》しながら何カ所か回ったあとで、私が、脚立の上の作業もやらせてくださいと言うと、さっきと同じ女性の先輩にダメだと言われたんです。「出しゃばってはいけません」。つまり、男性がいるときは男性にやってもらうのが常識だと言うんですね。歩くときは男性のうしろ、高所《こうしょ》作業は男性の仕事。「あなたは常識がわからないのですか」と言われるんですが、そんな常識、私には全然わかりません。

私は当初、二年間限定のアルバイトとして採用《さいよう》されていました。結果的に、三カ月後に準《じゅん》社員になり、ビルクリーニング技能競技会の全国大会で優勝《ゆうしょう》したあとに正社員になりましたが、最初は仕事を覚えるためにここでアルバイトしようと決めたんです。それなのに仕事をさせてくれないってどういうこと？　と、本当に意味がわからなかったんです。

はっきりそう言ったんですが、説明しても通じません。日本人はこうだからの一《いっ》点張《てんば》り。私は、上司に報告して、仕事をさせてほしいと訴えました。女の人はやってはいけないというのがそもそも間違っていませんか、って。どんな話し合いがもたれたかはわかりませんが、その先輩はしばらく口をきいてくれませんでした。

これが初日のできごとだったのですが、この話をすると、「入ったばかりで、どうしてそんなふうにはっきりと言えたのですか」と言われます。たぶん私が性格的に強いのもあるかもしれないですが、もし、仕事を全部覚えてしまわないとクビになるとしたら、どうでしょうか。

私の両親は、ふたつのことを私に教えました。ひとつは、人に迷惑をかけてはいけないということ。もうひとつは、自分が食べるものは自分で用意しなさいということです。

そのためには手に職をつけるしかない。自分のごはんを自分で稼げる状況にするにはどうすればいいのかを真剣に考えていたから、「女性は三歩下がるのが日本の常識」と言われても、はいはいと自分を曲げるわけにはいかないのです。曲げたら私のごはんがなくなってしまいます。

誤解のないように言うと、その先輩とは、いつどんなきっかけで雪融《ど》けしたのか覚えていないぐらい、いちばん仲良くなりました。それに、もともとその人が憎いわけではありませんでした。はじめこそ困惑《こんわく》しましたが、仕事を教えてくれて、助けてくれたのもその人なんですから。

まわりの人と意見が合わなかったり、ぶつかったりすることは当然あります。今だったら頭から否定せず、もう少し相手のことを考える余裕を持てたかなと思いますが、それでも自分を曲げることはしなかったと思う。私はいつもめいっぱいやろうとするので、受け入れてもらえないときのショックも人一倍大きいんですが、人とぶつかることを避けてどんどん腐《くさ》っていってしまう方が絶対によくないと思います。

私はいつもめいっぱいやろうとするので、
受け入れてもらえないときのショックも人一倍大きいんですが、
人とぶつかることを避けてどんどん腐っていってしまう方が
絶対によくないと思います。

どんな人も、嫌いだとか苦手だとか思う暇がないのです。

私のはっきりものを言う性格は誰に対しても同じで、社長にもずばずばと言うし、スタッフの人たちにもはっきりと私の考えを伝えます。だから、「新津さんは怖い」と思っている人もいるかもしれません。

現場の清掃作業をするスタッフさんによりよい仕事をしてもらうために指導するのも私の仕事です。できていないところは、「あなたはここができていないですよ」とはっきり言いますし、「なぜあなたはそういうふうにしたのですか」と、こちらが納得できるような説明を求めます。そうすると、人によっては、私にそういうつもりはなくても、強くあたられていると感じるでしょう。「どうしてそんなにずばずば言われなきゃいけないの。それは嫌だから、ちょっと、一歩離れていよう」と、私を避けて通っている人もいるかもしれません。私の性格が、最初からその人には怖い印象を与えているということになるわけです。それは否定しないですが、「怖い」と「嫌い」は違うということはわかってもらえているといいなと思います。

私が思うのは、みんなお互いに、自分にない部分を補《おぎな》い合っているということです。私のことを怖いと思う人もいるかもしれませんが、逆に、会社や上司に言えないことがあっても、その人の代わりに私が言うことができる。私にできないところをまた別の人がカバーしてくれることもある。そうして、全体がうまく回っていけば、それで問題ないのではないでしょうか。というか、私はそれしか考えていないんです。

基本的に、私はいつも、自分がやりたいことが中心なんです。こうした方がいいと思うことがあって、それがスムーズに行くためにどうするか、まずそれが第一歩。でもそれは、自分一人では成し遂《と》げることができません。どうしても人の力を借りることになります。まわりの人に助けてもらっていると思えば、感謝こそすれ、どんな人も嫌いだとか苦手だとか思う暇《ひま》がないんです。

私が思うのは、みんなお互いに、
自分にない部分を補い合っているということです。

楽しくなくても、楽しく見せることは必要です。

よく、「新津さんはいつも笑顔で、楽しそうに仕事をされていますね」と言われます。「楽しんで仕事をする秘訣《ひけつ》はなんですか？」と聞かれることも多いです。

正直なことを言うと、ずっと楽しいことばかりではありません。すごく頭にくることもあるし、悔しいこと、落ち込むこと、たくさんあります。

ただ、楽しく見せることは必要だと思っています。

なぜかというと、落ち込んでいると、まわりの人が近づけなくなってしまうから。ずっと下を向いていたら、「今、誰も私に声をかけないで！」というふうに見えるでしょう。そうすると、まわりの人も、「そっとしておいてあげよう」と思ってしまいますよね。

それでは逆効果なんじゃないかなと思うんです。私だったら、本当に解決《かいけつ》したかったら人に相談するし、協力をお願いすると思う。ぱーっと飲んで忘れてしまおうということもありますが、どちらにしても、人とかかわることは絶対に必要だと思うのです。

だから、嫌なことがあったときほど、楽しそうな顔を作る必要があるんです。「そうすれば問題が絶対に解決しますよ」とは言えませんが、気持ちの上でプラスに働くことは間違いないです。

私がそう強く信じているのは、言葉が通じない時期があったことと関係があるかもしれません。一七歳で中国から日本に来たとき、私は日本語が全然できませんでした。たぶん、耳が聞こえないとか、口がきけないとかの障がいのある人もそうだと思いますが、言葉で伝えられない分、「にこっ」と笑顔を見せることで、「あなたに近づいてほしい、近づきたい」という気持ちを伝えるんです。

表情や態度で精一杯気持ちを表せば、きっと伝わる。それは私にとって、希望というか、自分が元気になるためのおまじないのようなものだったかもしれません。

表情や態度で精一杯気持ちを表せば、きっと伝わる。
それは私にとって、希望というか、
自分が元気になるためのおまじないのようなものだったかもしれません。

プロの道具の使いかた

05 タオルは八つ折りが基本

私は、折《お》って縫《ぬ》い合わせたいわゆる「ぞうきん」は使いません。厚《あつ》みが出てしまうと、狭いところや細かいところが拭きづらくなるからです。家庭では、もらいものや古くなったタオルで十分。

上手な拭き掃除のコツは、タオルをきちんと八つ折りに畳んで使うことです。とっても簡単で基本的なことですが、実はプロでもきちんとできている人は少ないんです。

一カ所拭いたら、裏返す。また一カ所拭いたら、折り返す。せっかく拭き取った汚れを別のところにつけてしまわないように、常にタオルのきれいな面で拭きます。八面使ったら、タオルをとりかえるか、バケツの水ですすぎましょう。

06 畳んだタオルを「即席軍手《そくせきぐんて》」に

パッと拭いてしまいたいけど、汚れに直接触りたくない。でも、ゴム手袋がない。さて、困った。

そういうとき私は、タオルを「即席軍手」にして使います。

タオルは基本の八つ折りに畳み、袋状《ふくろじょう》の開口部《かいこうぶ》に四本の指を差し入れます。こうすると、手のひらから指の先までカバーされます。

テーブルの裏面など、見えないところを拭くときも、うっかり手を差し入れて木のささくれがあったりすると危ないですが、これならケガの防止にもなりますね。

タオルが大きい場合は、手のサイズに合わせて左側（右利きの場合）を折り、親指でしっかりと押さえましょう。

07 タオルを「薄く」使う

天井や窓枠《まどわく》の隅など、狭いところや細かいところを拭くときは、折り畳んだタオルでは厚すぎて、拭きづらいことがあります。そういうときは、タオルを「薄く」使いましょう。

私は、タオルを人差し指に巻きつけるようにして拭きます。こうすると、感触を自分でたしかめながら拭くことができるんです。

タオルをぶらぶらさせたままでは邪魔になったり、高いところを拭くときに視界を遮って危険ですから、反対側の端を、もう片方の手でしっかり握ります。落下防止にもなりますね。拭いた面が汚れたら、ひゅっと引っ張って新しい面を出します。一列終えたら、今度はタオルを横にずらす。常にタオルのきれいな面で。かたちが不揃《ふぞろ》いなウエス（拭き取り布）などでも、こうすると無駄なく、まんべんなく使うことができます。

08

マイクロファイバー製のクロスを利用

ぱっと見て「この部屋、気持ちいいな！」と見せるポイントがあります。それは、鏡、ガラス、ステンレスなどをいつもぴかっとさせておくこと。くもりやうろこ汚れは、できる前に防止するのが基本です。

わが家では、洗面所とリビング、部屋の窓の近く、それぞれの場所にマイクロファイバー製のクロスをぶら下げてあります。気づいたときにそこにあるから、ぱっと手にとってさっと拭ける。うちではだんなさんも、使ったら拭くを励行《れいこう》してくれています。

テレビやパソコン、温水便座など静電気《せいでんき》を起こしやすいところは乾拭《からぶ》きをせず、水拭きで。洗濯の際は、柔軟剤《じゅうなんざい》や柔軟剤入りの洗剤は使わず、他の洗濯ものと分けて洗います。枚数が少なければ手洗いでもいいかもしれません。触ってゴワゴワしてきたら劣化《れっか》の合図《あいず》。その後はふつうのタオルとして使いましょう。

C
D
C
D
作業中
しばらくの間
お待ち下さい

第3章　仕事について

私は、清掃の仕事が大好きです。

先日、若いスタッフと話す機会があり、「新津さんは、今の仕事をやめたいと思ったことや、別の仕事をしたいと思ったことはなかったんですか？」と聞かれました。

私は迷わず、「ないです」と答えました。

仕事をやめたくなるときって、どんなときでしょう。たとえば、会社の誰かとケンカしたときや、自分が納得できないことがあったとき。あるいは、自分は正しく評価《ひょうか》されていないと思ったときとか。たぶんそういうときに、もうやってられない、やめてやる、となるんだと思います。

私もそういうことはたくさんありました。先輩にいじわるをされて、仕事をさせてもらえなかったこともあります。でも、そのときでもやめることは考えませんでした。

なぜって、この仕事が好きで、自分で選んだからです。自分で決めて、この仕事を覚えるために来ていると思っていたから、やめてしまったらなんのためにここに来たのか、そもそもの目標がわからなくなってしまいます。それに、やめたからといって、一緒なんです。他の会社、他の仕事へ行ったらまたゼロからのスタートになって、せっかく今成《な》そうとしていることを失ってしまう。ゼロから始めてもまた同じことを繰り返すかもしれません。私は自分の目標がわかっていたから、ケンカをしたり嫌なことがあっても、心は折《お》れなかった。

誰でも、自分にとっていちばん大切なことを、それぞれに持っていると思います。その大切なことを、まわりに左右されないようにすることがとても大切です。

今の会社に入る前に、清掃以外の会社に勤《つと》めたことがあります。音響《おんきょう》機器《きき》のメーカーでしたが、その会社をなぜやめたかというと、自分にできることを覚えきってしまったからです。ここまではできるようになったから、じゃあ次はこういうふうに勉強しようと自分なりに考えても、それは求められていなかった。そうすると、私がそこにいる意味がなくなってしまうんです。お金をもらえればそれでいいとは考えていませんでしたから。

それでその会社をやめて、職業訓練校に入って、清掃のことを基礎《きそ》から勉強することにしたんです。

私の喜びは何かをやり遂げること。そして、清掃の仕事が大好き。

このふたつが、私にとって大事《だいじ》なことです。自分にとって大事なことがはっきりしていれば、誰が何を言っても、左右されることはありません。

そうなるためには、やっぱり、自分で選び取らなければいけないんです。

自分にとって大事なことがはっきりしていれば、
誰が何を言っても、左右されることはありません。

ひとつひとつ、全部意味があるんですよ。

八月に、講師として、ハウスクリーニング技能検定の講習に参加しました。三年前から毎年夏に行われているもので、全国から受講生が集まり、三日間かけて学科と実技《じつぎ》の受検対策をします。

受検資格は「三年以上の実務経験があること」なので、基本的に受講生はみんな清掃のプロ。全国各地のビルメンテナンスやハウスクリーニングの会社に所属して働いています。その上で、技能士の資格をとって、さらにプロとして腕を上げようという人たちです。

検定は七科目の実技試験があるのですが、そのひとつをちょっと紹介しましょうか。

たとえば、「ステンレスの油汚れ落とし」という課題《かだい》。ステンレスプレートにこびりついた油汚れを落とすわけですが、プロとして合格点をとろうとすると、これがけっこう難しいんです。

まず、使う洗剤を間違えたらダメ。減点《げんてん》です。ハンドパッド（業務用のスポンジ）でこするときも、やみくもにゴシゴシとこすってはダメで、一方向に、ゆっくり動かします。その方向もどっちでもいいわけではなく、ヘアライン（ステンレスの光《こう》沢《たく》を出すために一定方向につけた細かい筋目《すじめ》のこと）に沿《そ》っていないといけません。

数人ずつ同時に実技練習をするのですが、あるとき、四枚のうちの一枚だけ、他のプレートと違う方向にヘアラインの入ったものを置いておきました。他のプレートは長辺《ちょうへん》に沿ってヘアラインが入っているのですが、それだけ短辺に沿ってラインが入っています。つまり、九〇度回転《かいてん》させて机の上に置くのが正解。ちょっとしたひっかけ問題ですね。

それに当たった人は、はじめは気づかずに、他の方と同じように長辺に沿ってハンドパッドを動かしました。途中《とちゅう》で気づいて、「あっ！」。周囲《しゅうい》の人は「なになに？」。というわけで、みんなでヘアラインの方向について再《さい》確認しました。

単に「一方向にこする」とマニュアルで覚えていると、間違えやすいんですね。

なぜそう決まっているかといえば、ステンレスに傷《きず》をつけないためですから、そのことを理解して、心を込めて汚れに向き合っていれば、プレートの正しい向きに気づけるはず。検定ではあるけれど、実際にお客様のご自宅にうかがったつもりで作業をしないといけないんです。

拭き掃除ひとつをとっても、気持ちが入っている人は、掃除する場所をしっかりと目で追い、きちんと四角《よすみ》をとって、ゆっくり、ていねいに拭きます。単なる精神論ではなくて、水気が残っているとカビの発生の原因《げんいん》になりやすく、そこから臭ったりすることがあるんです。理屈《りくつ》がちゃんとわかっている人は、溝や隙間《すきま》、ネジなどの細かい部品が使われているところなど、手の届きにくいところもタオルの端《はし》や先をうまく使って拭き上げて、カラッと仕上げます。

同じ手順で同じ作業をしているように見えても、ちゃんと基本を理解してやっているかどうかは、見る人にはわかってしまうもの。

ひとつひとつの動作には、すべて意味があるのです。

同じ手順で同じ作業をしているように見えても、
ちゃんと基本を理解してやっているかどうかは、
見る人にはわかってしまうもの。
ひとつひとつの動作には、すべて意味があるんです。

何かを教わることができるというのは、なんと幸せなことでしょうか。

私がアルバイトを始めたころのことです。「どうしてこういうやりかたをするのだろう」「こうした方がうまくいくのに」と思うことがたくさんありました。でも、上司や先輩に聞いても、たいていは、「教わったとおりにやればいい」と言われておしまい。同じ作業ばかりで新しいことを教えてくれないのも不満でした。ひとつクリアできたら、新しいことを覚えたいのに、答えはいつも「言われたことだけやっていればいい」。

アルバイトとはそういうものだと、大人だったら言うのかもしれませんが、私は、「それじゃ納得できない！」と思っていました。

そこで、できるだけ新しいことを勉強したいと思って、アルバイトを掛け持ちしたり、職場を変わったりして、今の会社に入るまでに、十数社で清掃の仕事を経験しました。

いろいろな職場で働いてみてわかったのですが、行く先によってやりかたが違うんですね。そうすると、疑問になってくるんです。何を基準《きじゅん》にすればいいのか。その会社、その現場でしか通用しないやりかたではなく、基本的なこと、理論的なことを学びたい。そう思うようになりました。

それで、当時勤めていた会社をやめて、東京都立品川高等職業訓練校（現・城《じょう》南《なん》職業能力《のうりょく》開発センター）に入校しました。半年間、失業保険《しつぎょうほけん》をもらいながら、通いました。

その学校の先生をされていたのが、私が今勤めている日本空港テクノの常務《じょうむ》だった鈴木優《すずきまさる》さんです。半年の課程《かてい》を終えて、今の会社に入ったあとも、今度は上司としてずっと見守《みまも》って、教えてもらいました。

鈴木常務は、清掃のことをなんでも知っていました。

ただ、口数の多い人ではなく、しゃべるときもぽつぽつと短い言葉だけ。聞かないと何も教えてくれません。でも、質問すると必ず答えてくれて、資料をたくさん持ってきて、「はい、これ。勉強しなさい」と、ぽんと置いてくれました。実技の練習もずっとつききりで指導してくれました。

鈴木常務のすすめで全国ビルクリーニング技能競技会《きょうぎかい》に出場し、最年少で全国一位になりました。

鈴木常務は二〇一二年に他界されましたが、今でも私の先生であり、命を救ってくれた恩人だと思っています。

もう一人、訓練校でお世話になった人に、大嶋洋司《おおしまようじ》先生という方がいます。大嶋先生もまじめで、優しい先生でした。私はよく居残《いのこ》り練習をしていたのですが、そんなときも、いつも見守ってくれていました。そして、私が困っているのを見ると、さりげなく手を差しのべてくださいました。大嶋先生は定年退職されましたが、今も折りにふれ、電話でお話をします。

何かを教わることができるというのは、なんと幸せなことでしょうか。

ただ待っているだけでは誰も何も教えてはくれません。納得できないことは聞く。

わからないことは質問する。自分では当たり前だと思ってそうしてきましたが、こうして振り返ると、そのおかげで道が開けてきたのかなと思います。

ただ待っているだけでは誰も何も教えてはくれません。
納得できないことは聞く。わからないことは質問する。
自分では当たり前だと思ってそうしてきましたが、
こうして振り返ると、そのおかげで
道が開けてきたのかなと思います。

私は、その仕事を覚えて、自分が喜べば、それで十分だったの。

最近社長賞《しょう》をいただいたりすることが続いたので、「すごいですね」と言われることがあるのですが、私のやりがいはそこにはありません。くれると言われたらありがたくいただきますが、それで終わり。

じゃあ、どうして今まで続けてこられたのかなと考えると、ひとつひとつの仕事を覚えて、できるようになることが純粋《じゅんすい》にうれしかったからかなと思います。自分が喜べば、それで十分だったんです。

一言《ひとこと》で清掃と言っても、現場ごとに細かく、たくさん覚えることがあります。

たとえば、羽田空港では、清掃品質《ひんしつ》を評価するチェックシートがあって、エリアごとに床から天井《てんじょう》まですべて、細かくチェック項目が決められています。点検《てんけん》のときはそのシートを持って、出入り口、ロビー、階段室《かいだんしつ》、トイレ、エレベーター、喫煙所《きつえんじょ》など、すべての場所を歩いてチェックして回るわけですが、万歩計《まんぽけい》の数字があっというまに一万歩を超《こ》えます。

清掃員が引いているカートには何種類もの洗剤や薬品が入っていて、床、ガラス、壁、鏡、衛生陶器《とうき》など、材質に合わせて全部使い分けます。床を磨くための電動ポリッシャーの使いかたもマスターしないといけないし、スチームクリーナーや高圧《こうあつ》洗浄機《せんじょうき》を使えないといけない場合もあります。

清掃員はそういう細かい作業をひとつひとつ、先輩に教えてもらったり、人の作業を見たりしながら、覚えていくわけです。

その上で清掃員はみんな、自分なりの工夫をしているんですね。

「私だったらここまでやる」

「こういうふうにやる」

どうしたらより早く、安全にできるかを考えて、自分なりの手順をまとめていく。

それをクリアするのが本当に楽しい。

羽田空港のターミナルのロビーにもよく見ると細かいゴミが落ちているんですが、いちばん多いゴミはなんだと思いますか？　答えは小さな黒いかけらなんですが、何かというと、キャリーケースの車輪《しゃりん》のゴムなんです。車輪のゴムは劣化《れっか》しやすくて、しばらく押し入れにしまいこんであったのを引っ張り出して使ったりすると、気づかないうちに割《わ》れたり欠けたりするんですね。

この種類のゴミは、二〇年前にはありませんでした。なぜなら、キャリーケースが普及《ふきゅう》してなかったから。今の第1旅客ターミナルができたのは一九九三年ですが、当時の出発ロビーの写真を見ると、キャリーケースを持ったお客様はいません。つまり、時代によってゴミの種類も変わるんです。

床材《ゆかざい》が変わったのも大きな変化でした。新ターミナルになって床がつやがある材《ざい》質《しつ》に変わり、ヒールマーク（黒い線のような靴の擦《す》り跡）が見えやすくなったんです。うっかり落とし残すと、すごく目立ってしまいます。清掃にも「美観《びかん》」が求められるようになったこともあって、それまで以上に気をつけるようになりました。

変化に気づいてやりかたを変えたり、よりよい方法を考えたりするのが楽しいんです。それが自分の喜びとなっています。

どうしたらより早く、安全にできるかを考えて、
自分なりの手順をまとめていく。
それをクリアするのが本当に楽しい。

お年寄りや、障がいのある方も、私にとって、先生です。

羽田空港にはさまざまなお客様がいらっしゃいます。急ぎ足のビジネスマンもいるし、若い人たちのグループもいます。最近は外国からの観光客も大勢いらっしゃいます。そして、小さな子どもを連れたお父さんお母さん。

お客様をよく見ることはあらゆるサービス業の基本だと思いますが、私は特に、小さな子どもたちを観察《かんさつ》するようにしています。それは、前にも言ったように、子どもたちがいちばん多くのことを教えてくれるからです。

空港にやってきた子どもたちは、たいていちょっとはしゃいでいるんですね。ロビーの広い場所にくると、小さい子どもがぱたぱたと駆け出して、ころんと床に尻《しり》もちをついたり、展望《てんぼう》デッキの窓ガラスにぺたぺたと手をつきながら、飛んでくる飛行機を夢中で眺めたりしています。

私は、そういう姿を見ると、うれしくなります。

子どもが楽しそうだからというのはもちろんですが、母親が安心しているということがわかるからです。母親は少しでも汚《きたな》いと思ったら、「触《さわ》っちゃいけません！」と即座《そくざ》に子どもを叱《しか》りますよね。子どもを自由にさせているということは、その場所が清潔だと感じているということなんです。それを感じてうれしくなるのです。

子どもたちが去ったあとの窓ガラスにはたくさんの小さな手の跡がついていますが、それを拭き取るのは空港の清掃のなかでも、いちばん楽しい仕事のひとつかもしれません。

大人の目線では見えない手すりの下側。ソファの脚や、隙間《すきま》。子どもたちはそんなところも、お構いなしに触ります。子どもたちは、どこを清掃すべきかを教えてくれているんです。

お年寄りや、障がいのある方も、私にとって、先生です。

たとえば私の母は、年をとって膝《ひざ》の軟骨《なんこつ》がすり減り、膝を曲げることができません。ものを拾うことも難しいですし、ほとんど足をあげないで、すり足のようにして歩きます。そうすると、ほんの少しの段差でも大きな障がいになるんですね。羽田空港はバリアフリーになっていますが、たまたま何か荷物が置いてあるとか、床がちょっと濡れているということがないように、常に目を配っています。清掃に必要なことは、そこに気がついて動けるかどうかです。小さな子どもやお年寄り、体の不自由な方など、弱い立場の人がどうすれば安心して過ごせるか、それを第一に清掃しようと思っています。

大人の目線では見えない手すりの下側。
ソファの脚や、隙間。
子どもたちはそんなところも、お構いなしに触ります。
子どもたちは、どこを清掃すべきかを教えてくれているんです。

私たちは常に笑顔でないといけないのよ。ムスッとしてたら、誰もそばに寄れないでしょ。

ある日、点検のために羽田空港のターミナルビルを巡回していたときのことです。到着《とうちゃく》ロビーのフロアで、若い女性の二人連れに声をかけられました。中国語です。聞けば、中国からきたお客様で、都心に電車で出るにはどうしたらいいかわからず、困っている様子。さらに聞くと、電車のICカード乗車券を買いたいらしい。つまり、PASMO《パスモ》かSuica《スイカ》ですね。行き先を聞いて、それでしたらこちらですよ、と、地下一階の京浜急行の乗り場を案内しました。

困っているお客様のためにエアポートコンシェルジュもいますが、制服《せいふく》を着て空港内を歩いていれば、お客様から見れば「空港の人」です。「私は清掃員ですから知りません」とは言えません。たまたま中国語を話すお客様でしたし、作業中ではなく点検巡回中で時間にも余裕があったので、私が直接乗り場へご案内したというわけです。

先日、エアポートコンシェルジュやグランドスタッフなどの人たちに社内セミナーでお話しする機会があって、「新津さんは、日頃から何か心がけていることはありますか?」という質問を受けました。そういうとき、若い人たちにいつも言うのは、「常に見られているという意識を持ってください」ということです。

お客様は、特に用事《ようじ》がなくても、なんとなく制服に目がいくものです。というより、お客様に見つけていただいてこそのコンシェルジュですから、制服は目立つようにデザインされているわけです。

そのときに、制服の人がまったくの無表情だったら、どうでしょうか。すごく怖《こわ》く見えませんか? 本人としては別に怒っているわけじゃなくても、相手から見ると怖く見えるんです。つまり、「私に話しかけないでください」と言っているように見えてしまうんですね。そうすると、お客様は、「あ、この人に近づくのはやめておこう」と思います。

見られていることを意識したら、明るい表情を作ろうと気をつけますよね。そうすると話しかけやすい雰囲気になって、「あ、この人に聞いてみよう」と思うわけです。

もしも私が出発ロビーを無表情ですたすたと歩いていたら、あのときの中国の女の子たちは私に話しかけてこなかったかもしれません。

表情、身だしなみ、言葉づかい、お化粧、歩きかた、姿勢。考えられることはすべて気をつけないといけません。いつでも見られているという緊張感《きんちょうかん》を持つこと。そうすると、相手にも余裕を持って対応することができます。

たとえば、もし話しかけてきたお客様がすごく背の低いおばあさんだったときに、すっとかがんで、目線を合わせることができるかどうか。おばあさんにちゃんと聞こえているかな。不安にさせていないかな。私は、自然にそういうことができる人でありたいと思っています。

いつでも見られているという緊張感を持つこと。
そうすると、相手にも余裕を持って対応することができます。

「心に余裕がなければいい清掃はできませんよ」

若いときの私は、技術を身につけることに一生懸命でした。誰よりも働いていたし、勉強熱心だったと思います。でも、当時の上司だった鈴木優常務は、一度も褒めてくれませんでした。「よくできましたね」などの言葉はなく、「もっと心を込めなさい」と言うばかり。でも、私には、何がいけないのかわからないのです。だって、こんなにきれいになってるのに、って。

がんばっても認められないことは、とても苦しかったです。

鈴木常務のすすめで出場した全国ビルクリーニング技能競技会。絶対一位になれると思った予選《よせん》会は二位に終わりました。全国大会への出場権は得られましたが、一位でなかったことに、悔しい思いが残りました。自分に何が足りなかったのだろう。

あるとき、鈴木常務に、「心に余裕がなければいい清掃はできませんよ」と言われました。自分に余裕がないと、他人にも優しくなれないでしょう、と。

そんなころ、空港のロビーで、親の手をすり抜けて床をハイハイする赤ちゃんを見かけたときに、はっとしたのです。今手にしているモップで清掃していいのだろうか？

それまでは、私は、自分のために仕事をしていました。なにしろたたかう相手が自分でしたから。それが、使う人のためにもっときれいな場所にしたいという気持ちに変わったのです。一見きれいになったように見えても、モップ自体《じたい》に雑菌《ざっきん》が残っていたかもしれない。見えないところに汚れが残っているかもしれない。「かもしれない」「本当に大丈夫？」と、使う人の気持ちになってもう一度見直すようになったのです。

その後、鈴木常務と二カ月にわたる猛特訓《もうとっくん》を重ねて、迎えた全国大会で優勝することができました。鈴木さんに報告すると、「優勝するのはわかっていましたよ」と言われました。それだけがんばっていることは知っていましたから、と。

やっと認めてもらえた、と思いました。

相手を思いやる気持ちで清掃をするようになると、次第《しだい》に、お客様から「ありがとう」とか「ご苦労さま」と声をかけられることが増えてきました。

今の自分があるのは、あの苦しい時期があったからこそ。指導してくれた鈴木常務には今も感謝しています。

相手を思いやる気持ちで清掃をするようになると、次第に、お客様から「ありがとう」とか「ご苦労さま」と声をかけられることが増えてきました。

最初から好きな仕事に就ける人なんてめったにいませんよね。

私たちは羽田空港を職場にしていますが、制服を着る前、私服で空港ターミナルを歩いているときは、たぶん普通の利用者に見えると思います。だけど、私は、一歩でも空港に足を踏《ふ》み入れたら、自分の職場だということを意識するようにしています。

なぜかというと、自分の顔は変わらないんですね。私服のときに「新津さん、がんばってください」とかって声をかけられると、すごくうれしいんです。見る人はちゃんと見ててくれる。そう思うと、勤務時間じゃないからと言ってだらだらとしていてはいけないなと思うんです。

「新津さん、今日もがんばっていますね」

「今日も元気ですね」

そんなふうに言ってくれる人がいると本当にうれしい。私の仕事をずっと見てくれているということですから。それが私のやりがいになっています。

また、継続《けいぞく》することによって自分の考えが作られていくということもあります。今日はこの人が声をかけてくれた。でも一人だけだった。じゃあ、もっと多くの人にそう言ってもらえるようにするには、どうすればいいんだろう。そういうことを自分で考えていくと、仕事が楽しくなってくるんですね。

仕事が楽しくなるというのは、人に認められてうれしいという意味でのやりがいから、自分の内面《ないめん》からわいてくる本当の意味でのやりがいに変わっていくということなんじゃないかなと、私は思います。

もちろん、「全然そんなふうに思えないよ」というときだってあります。やりがいどころか、「会社に行くのも嫌だ……」となってしまったら、すごくつらい。私はよくスタッフの人たちに「空港を自分の家だと思って清掃してください」と言うのですが、それは、そういう気持ちでお客様をおもてなししてくださいというのと同時に、あなたの居場所なんですよということを伝えたいからです。

最初から好きな仕事に就ける人なんてめったにいませんよね。就けたとしても一年目や二年目は大変なことばかりで、楽しいことなんていくつもないのが普通だと思います。なんとなく職場に足が向かない、自分の居場所だと思えないというときは、まずは、どんなささいなことでもいいから、何かひとつ楽しみを見つけるといいかもしれません。行き帰りの途中にお気に入りのお店があるでもいいし、仲の良い人に会いに行くために会社に行くと考えてもいい。一人でリラックスできる場所を見つけてもいいかもしれません。その環境に何かひとつ、自分を動かせるような楽しみを。やりがいや評価は、そんな日々の積み重ねの先に生まれるものかもしれないなと思うんです。

仕事が楽しくなるというのは、
人に認められてうれしいという意味でのやりがいから、
自分の内面からわいてくる本当の意味でのやりがいに
変わっていくということなんじゃないかなと、私は思います。

私は、清掃員も、きちんと自分を示すことが大切だと思うんです。

私は仕事のときはたいてい、赤いつなぎの制服を着ています。清掃員の制服で赤は珍しいかもしれませんね。会社で制服をリニューアルしようというとき、「私は赤がいいです」と希望を伝えたら、たまたま赤色を採用してくれました。

私が赤がいいと思ったのは、清掃の仕事場で、みんなと生き生き明るいイメージで働きたかったからです。

清掃員は目立たないようにとか、控《ひか》えめにという考えが一般的かもしれません。実際、控えめな方が多くて、特に女性は、あまり目立ちたくないと思っている人が多いように思います。でも、私は、清掃員も、自分をちゃんと示すことが大切だと思うんです。他のさまざまな仕事と同じように。

それから私の場合、赤を着ると自分がきりっとできます。燃《も》える色、やる気の出る色ですから。それに、人目につきやすいと思うと身が引き締《し》まるし、サボることもできません。

自分を示すことが大事なのは、会社以外のときでも同じです。

たとえば、社外の研修会などに参加するときは、席が決められていなければ、最《さい》前列《ぜんれつ》の真ん中に陣取《じんど》ります。日本人はけっこう、うしろや端の方から座る人が多くて、前の方や真ん中がぽっかり空いていることが多いですよね。そういうときはどんどん前に行きます。清掃員だから控えめに、隅の方に座ろうという考えは私にはありません。たとえ誰かに、端に行ってくださいと言われたとしても、私は譲《ゆず》りません。清掃員だからこそここに座るんです、と思っています。指《さ》されても答えられないときが多いんですけどね。でも、わからないことは恥《は》ずかしいことではないし、そのために勉強しに来ているんですから。

もともとの私の性格は、決して積極的に前に出るタイプではありません。だけど、清掃の仕事が下に見られることには、すごくプレッシャーを感じるのです。

そういう扱いを受けるたびに、「だから何!?」と思って、かえって堂々《どうどう》とした態度をとるようになりました。むしろ目立つぐらいでちょうどいいんじゃないでしょうか。きちんと働いている姿を見てもらう方が、自分の言動《げんどう》に責任感が出ます。それに、ひとりひとりの清掃員はみんな名前のある個人なんですから、「〇〇さん、今日もがんばっていますね」と、個人として認識されたら、経験上、絶対にその方が何倍もうれしいし、やりがいが増すと思うんです。

「私はここにいます」とはっきり示すことは、とても大切なことなんです。

きちんと働いている姿を見てもらう方が、
自分の言動に責任感が出ます。

管理する側だとか考えません。仲間だと思っているだけです。

羽田空港の清掃スタッフは約五〇〇人います。ほとんどのスタッフは協力会社に所属《しょぞく》していて、たとえば、1ビル（第1旅客《りょかく》ターミナル）の地下に一社、一階は南北のウイングに各一社、二階に一社、中央エリアにもう一社、という具合《ぐあい》に、エリアによって担当する会社が決まっています。各社に担当責任者が昼と夜で各一名ずついて、その各社の担当責任者をまとめる責任者が私ということになります。

つまり、私一人で全員を管理《かんり》しているわけではなく、現場にはそれぞれ責任者がいて、協力してやっているんですね。ただ、技術的なことに関しては、清掃技術を改善・開発したり、スタッフを教育したりといったことを二〇年かけて私がほとんど一人でやってきましたし、協力会社さんからも依頼があれば指導をしてきました。

そういう意味では私はすべてのスタッフの上司だし、直接アドバイスしたりサポートしたりしています。

説明するとそういうことになりますが、でも、自分が上司だとか、管理する側だとか、私は全然考えていません。私はみんなを仲間だと思っているだけです。

仲間だから、普通にしゃべります。そうすると、この人はこんなタイプだな、この人はこうだなと、わかってきますよね。それを覚えておくようにしているんです。頭で記憶《きおく》するだけだと忘れてしまうので、けっこう細かくメモに書き留めておきます。ささいなことでも、いつ誰と、どんなことをしゃべったかとか、何があったかとか。けっこう、いろんな相談をされることもあるんですね。そういうことも細かくメモをして、覚えておくようにしています。そうすると、メモを見返したときに、「そういえばこの人、こう言ってたけど大丈夫だったかな」ということがあるんですね。実際はすでに解決していたり、本人も相談したこと自体を忘れたりしていることが多いんですが、それでも、「あれ、大丈夫でしたか？」と声をかけると、「あっ、覚えてててくれてたの!?」と、すごく喜んでくれるんです。

お互いに普段からそうやって言葉を交わしているから、何かあるときに協力もお願いしやすいし、みんなも私に話しかけやすくなっていたらいいなと思います。普通のことをしているだけだと思うんですが、やっぱり、大事なことなんですね。

ささいなことでも、いつ誰と、どんなことをしゃべったかとか、
何があったかとか、
そういうことも細かくメモをして、覚えておくようにしています。

恐れずにやってみて。私が責任をとるから。

羽田空港にはよく、幼稚園の子どもたちが遠足にやってきます。その日も、第2旅客ターミナルの展望デッキに子どもたちが大勢遊びにきていました。あいにくの小雨《こさめ》まじりで、はじめのうちは屋根の下に集まっていましたが、飛行機が飛んでくると、わーっと金網《かなあみ》フェンスの方へ走り出しました。でも、雨でデッキが濡れていますから、次々に転ぶんです。すてーんと、見事に。前を行くお友だちが転んでも、構わず走り出して、自分もすってーん。次の子もすってーん。でもすぐに立ち上がってお友だちを追いかけます。

子どもたちは元気いっぱいで楽しそう。ほほえましい光景です。引率《いんそつ》の先生方は近くにいましたが、転びますよとか、走ってはいけませんとか、子どもたちを制止《せいし》するようなことは何も言いませんでした。私は、それがすばらしいなと思ったんです。

こんなご時世《じせい》ですから、ケガをしたらどうするんだとか、雨のなかで遊ばせたら風邪をひくとか、保護者からクレームがくることも考えられますよね。でも、何も言わずに子どもたちを見守っていた先生たちは、偉かった。

人を育てるとは、自ら学ぶ力を育てることだと思います。

私は、約五〇〇人の清掃スタッフを指導する立場にありますが、この人はきっとできるなと思うときは、手出しをせずに放っておきます。あとから、「新津さん、どうして事前に言ってくれなかったの！」と言われることもありますが、自分で考えたり失敗したりしなければ、本当のところはわからないでしょう。もちろん本当に困ったときは喜んで手を貸しますが、「まずは自分で、恐れずにやってみて。責任をとるために私がいるのだから」というのが、私の考えです。

壁があればぶつかってこい。痛みを経験してこい。乗り越えられるまでちゃんと私が付き合ってあげるから。という感じでしょうか。私もそうしてきたし、私の先生や上司たちも、そうやって私を支えてくれました。

雨の日に走ったら転ぶんだということを、あの子どもたちは自分の体で覚えたと思います。きっとこの次は転ばないでしょう。
それって、すてきなことだと思います。

壁があればぶつかってこい。痛みを経験してこい。
乗り越えられるまでちゃんと私が付き合ってあげるから。
という感じでしょうか。私もそうしてきたし、
私の先生や上司たちも、そうやって私を支えてくれました。

納得できないことは聞きます。聞かないのは自分の責任です。

課長になって、会社からスマホを支給されました。役員たちには以前から会社からスマホが支給されていたんですが、私も役職《やくしょく》についたので、社内システムが利用できるスマホを渡されたのです。

「これを使ってください」と渡されたのはいいんですが、カバーがついていませんでした。スマホは、ぶつけて割れたり、落として壊《こわ》れたりしやすいから、みんなカバーをつけるわけですよね。総務に、「カバーがないんだけど、もし液晶《えきしょう》が割れたり、ぶつけて故障《こしょう》したりしたら、どうなるんですか？」と聞くと、「修理は自分でしてください」と言います。「それおかしくないですか？　だったらなおさらカバーがないと困ります」と言うと、「それは自分で買ってください」と言います。「じゃあスマホは要りません、返します」と言うと、「いいえ、業務に必要だから持ってください」。

それっておかしくないですか？　と私は思うわけです。総務の人は、「役員さんたちにはみんな自分で買っていただきましたから」と言うんですが、いくらそう言われても、今まではそうかもしれないけど、それが間違っていると思うから、私は納得できないんです。

結局、スマホカバーの費用は会社が負担《ふたん》することになりました。「新津さん、よく言ってくれました」と言ってくれる人もいて、自分のためにやったことでしたが、結果的に、あとから続く人にとってもよかったのかなと思います。

慣習だからとか、前例がないとか、そういうことは私にはよくわかりません。でも、筋が通っているかどうかはわかります。やっぱり、納得できないことをそのまま受け入れることはできないんですね。そのまま聞かないでいると、それは自分の責任になって、受け入れたことと同じになります。

上の人からは、言い過ぎて煙《けむ》たがられることもありますが、最近では「新津さんのキャラ」ということで、受け入れてもらえるようになっているかなと思います。

慣習だからとか、前例がないとか、
そういうことは私にはよくわかりません。
でも、筋が通っているかどうかはわかります。

部下に残業や早出を強いることはありません。

私の出勤時間はけっこうぎりぎりです。会社に着いて、着替《きが》えて、席に着くのは始業《しぎょう》時間の二、三分前。「今日は朝早く行って点検《てんけん》見回りをしよう」というときは一時間とか二時間前に行くこともありますが、そうでなければ、ほぼ時間通りに事務所に入ります。

これが、年かさの人にけっこう注意されるんです。ぎりぎりではいけません、もっと早く来てください、って。でも、時間通りに出勤するのがどうしていけないのでしょう?

日本の会社員には、決められた時間より三〇分から一時間ぐらい早く出社するのがよいことという習慣がありますよね。でも、たとえばヨーロッパの国などでは、従業員は時間通りに来て、時間通りに帰るのが一般的です。中国もヨーロッパの考えかたに近いです。私もこちらの考えかたなんです。

本来は、着替える時間も業務のうちなのですから、九時に出社してから着替えてもいいと思っているくらいです。だって、私服のままでいい職種《しょくしゅ》もあるわけですから。制服に着替えなければいけない現場仕事では、制服に着替えたり、身支度したりする時間も、本来は業務時間内のはず。

私は今は課長ですから、やるべき仕事があれば残業もしますし、早朝仕事や泊まり込みの仕事をすることもありますが、部下に残業を強いることはありません。特に、清掃の現場では、パートさんやアルバイトさんも大勢働いています。彼らは働いた時間の分をお給料としてもらっているわけですから、朝ゆとりをもって三〇分早く来なさいとは言えないんです。もちろん、自分で考えて、自主的に早く来ることは構いませんよ。だけど、遅刻をしない限りは、上司である私が、「あなたの出勤時間はぎりぎりですから、もっと早く来るべきですよ」と注意するのは間違っていると思います。会社がサービス労働を強制することになってしまいますから。

ときどき、年配《ねんぱい》の人には、「新津さんがここの長なのに、そんなふうだから、若い子たちに示しがつきません」と言われることがありますが、そう言うんだったら、その時間外の三〇分とか一時間分のお給料を、あなたの給料から出しますか？　と思うんです。そこまでの覚悟がないのだったら、私が長なのですから、悪いけど私に従《したが》ってください、というのが私の考えです。

そうでないと、パートさんやアルバイトさんはやはり立場が弱いですから。アルバイトさんたちに理不尽《りふじん》な要求《ようきゅう》をするようなことは、絶対に言わせません。

パートさんやアルバイトさんはやはり立場が弱いですから。
アルバイトさんたちに理不尽な要求をするようなことは、
絶対に言わせません。

プロの道具の使いかた

09 ヘラを使いこなしてプロ顔負けに

あなたのうちの掃除道具に、ヘラはありますか？　プロにとっては必需《ひつじゅ》品《ひん》で、誰しも必ず持っているのですが、ご家庭では意外に持っていない人が多いかもしれません。

タオルを巻きつければ、照明器具《しょうめいきぐ》の隙間や、収納家具《しゅうのうかぐ》の隙間など、手や指が入りづらいところを拭くのに重宝《ちょうほう》します。また、手で拭くと力が入りすぎて汚れを押し込んでしまうことがありますが、ヘラを使えばさっと表面をなでるように汚れを拭き取ることもできます。

私が使っているのは竹のヘラです。傷つきにくいのが竹製のよいところですが、実は、お古の竹刀《しない》を削って作ったもの。竹刀を譲ってくれた知人は、「これまだ使えるの⁉」と驚きつつ喜んでくれました。

使い古しの歯ブラシも同じように細かいところに使えますね。

⑩ ゴム手袋は裾《すそ》を折り返す

これもごく基本的なことですが、やっていない人がいたらぜひやっていただきたいのが、ゴム手袋をはめるときに、裾を二、三センチほど折り返すことです。

ふだん、下を向いて作業をするときは問題ないのですが、食器棚の上や冷蔵庫の上面など、高いところを水拭きするときに、タオルをぎゅっと絞《しぼ》っていないと、てきめんに水がたれてきてしまいます。窓ガラスや玄関先、ベランダなどの水を多めに使う作業のときも、水滴を拭き取るとタオルが一気に濡《ぬ》れてしまうので、水滴が流れがち。裾を少し折り曲げることで、流れてくる水を止めて、ゴム手袋の中に水が入るのを防ぎます。

⑪ ゴム手袋は「内側」を清潔に

ゴム手袋、お掃除が終わったら、どうしていますか？　よく見るのが、石けんなどで外側だけ洗って、はずしてバケツのへりにかけておく、というもの。でも実はこれ、衛生的にはよくないんです。

ゴム手袋で洗わないといけないのは、本当は手袋の内側。起毛《きもう》タイプならなおさら、汗や侵入《しんにゅう》した水分で、雑菌が増えやすい状態になっています。手袋は手からはずして、外側を細かくしっかり洗ったら、裏返して内側も洗いましょう。裏返すときは、手袋の指の付け根にあたるところまでをひっくり返したら、中に水を入れます。八分目ほど満ちたところで口をぎゅっと持って絞ると、水の圧力で指の部分までひっくり返ります。水が漏れないか、穴あきも同時に確認できます。

干すときは必ず開口部を下にして中指をピンチで留めます。くっつかないように広げて干しましょう。乾《かわ》いたらきれいに畳んでおきます。私は二回半分に折り、口のところをくるんと折り返しておきます。靴下をたたむような要領ですね。折り返すと内側の白い面が出るので、そこに〈キッチン用〉〈トイレ用〉などと油性《ゆせい》ペンで書いておくんです。次のときにとても使いやすいですよ。

⑫ シンクの排水口《はいすいこう》は奥の奥まで

シンクの掃除には、スポンジ（パッド）のほかに、少し長めの柄のついたブラシを置いておくことをおすすめします。

家庭のシンクの排水口は、トラップ構造《こうぞう》といって、穴の中にひとまわり小さな穴があいています。その隙間にわざと水をためて、臭いが上がってこないようにしているんですね。小さい穴は排水管につながっていますから、届く範囲すべて、水を流しながらブラシでこすって、ぬめりや雑菌を洗い流すのが臭いをシャットアウトするポイント。だから排水口ブラシがあるといいんです。時間がないなどでどうしてもそこまでできないときは、ゴムの蓋《ふた》カバーをはずして水がたまっているところに台所用漂白剤《ひょうはくざい》を10ccほど入れると、ぬめり防止になります。

ゴムの蓋カバーやゴミ受けの網、さらに奥にあるプラスチックの蓋まで、全部はずして洗うのはもちろんです。いやな臭いのしない快適キッチンを目指しましょう。

第4章　家族について

「私、全国大会一位をとらないと、結婚しません」

私は、全国ビルクリーニング技能競技会で一位をとった翌年の、平成一〇年に結《けっ》婚《こん》しました。

技能競技会と結婚、全然関係ないように思われるふたつのイベントですが、実は、優勝と結婚のタイミングには関係があるんです。

今のだんなさんとは以前に勤めていた会社で知り合って、七年ほどお付《つ》き合《あ》いをしていました。私は本当に世間知《せけんし》らずで、日本に来るまで男女のお付き合いがどんなものかもまったく知らなかったほどですから、人に話したら笑われてしまうぐらい清く正しい交際でした。それでも、二人ともはっきりとものを言う方だったり、食べることとお酒《さけ》を飲むことが大好きという共通点があって、恋人であり、なんでも話せて相談できるいちばんの親友《しんゆう》であり、というお付き合いを続けていました。

その人と結婚の約束《やくそく》をしたときはとてもうれしかったのですが、同時に頭に浮かんだのは、「結婚すると苗字《みようじ》が変わるな」ということでした。

私の旧姓は田中といいますが、いざ、苗字が変わることが現実的になってきたときに、「日本に来てから、『田中春子』は何も残してない」と思ったんです。

私は子どものころから、「何かひとつのことを始めたら、必ず成果を出す」ことを自分のルールにしてきました。

「田中春子」でまだ何も成果を出していないのに、このまま結婚して「新津春子」になってしまっていいのだろうか。

ちょうどそのころ、鈴木常務にすすめられて、ビルクリーニング技能競技会に挑戦を始めていました。

だから、お付き合いしていた今のだんなさんに、「全国大会一位をとらないと、結婚しません」と言うことにしたのです。

でも、自信を持って臨んだ予選会は二位に終わりました。あんなにがんばったのになぜ……とても悔しく、このまま終わることはできないと思いました。全国大会は二カ月後。鈴木常務との猛特訓が続きました。

そして、全国大会で優勝できて、晴れて結婚したというわけです。

本当に一位をとれるかどうかは、やってみなければわかりませんでした。もっとずっと、何年も待たせる可能性もありました。でも、「成果を出せなければ結婚しません」と決めていたし、だんなさんにも伝えていました。そこに迷いはなかった。だんなさんは「応援《おうえん》します」と言ってくれました。きっと言い出したらきかないとわかっていたのでしょうね。「田中春子」で全力を出し切ったから、「新津春子」になっても全力で前に進んでいけているのだと思います。そして、今も変わらずに応援してくれるだんなさんには、いつも感謝しています。

たまたまこのときの「成果」は全国大会一位という他の人にもわかりやすいものでしたが、「成果」は「腹筋を割ること」でも「本を一冊読み通す」でもなんでもいいんです。自分が決めた「成果」であれば。

「成果を出す」ことは自分との約束、自分とのたたかいです。私にとって、自分との約束を果たすことは、とても大事なことなんです。

私は子どものころから、
「何かひとつのことを始めたら、必ず成果を出す」ことを
自分のルールにしてきました。

どんなに二日酔いになっても、毎日、出勤前に一時間掃除します。

だんなさんと二人の生活が始まるときに、話し合って、わが家のルールを作りました。結婚前にある先輩に、「結婚して一〇年、二〇年経つと空気みたいなものだよ」と言われたんですが、私はそういうことがすごく嫌なんです。最初はすごく仲が良くて手をつないだりするけど、年をとると別々《べつべつ》に歩いているのは、嫌でしょう？白髪《しらが》になってもラブラブでいたいんです。それで、「ルールを作りましょう」と言いました。たとえばこんなことです。

「朝のあいさつは必ずすること」
「出かけるとき、必ず見送《みおく》りをすること」
「毎朝仏壇《ぶつだん》にお茶をあげて、私たちも一緒にお茶を飲むこと」

他にも、月に一度はいっしょにごはんを食べにいくとか、月に一度は旅行するとか、たくさんあります。

「晩ごはんのおかずは最低五品作ること」

「豆腐料理を必ず一品入れること」

これはだんなさんの希望です。二人ともお酒が好きで晩酌《ばんしゃく》をするので、いつまでも一緒に楽しみましょう、ということですね。最近は私が忙《いそが》しいので、帰りが遅いとだんなさんが料理を作ってくれます。

毎朝一時間掃除をすることは私の役目だと、自分で決めています。前の日、どんなに帰りが遅くなっても、どんなに二日酔《ふつかよ》いでも、朝五時に起きて掃除をします。リビング、キッチン、お風呂場、トイレなど、日常的に手を触れるところは毎日。換気扇《かんきせん》は月に一回はずして洗います。

だんなさんがそうしろと言ったわけではありません。私がそうしたいから「そうします」と宣言《せんげん》しているだけ。むしろ、だんなさんは、私が体調《たいちょう》が悪くてつらそうなときは、心配して、「今日はやめておけば」と言ってくれます。「いや、ダメです」と意地を張って掃除をするのは私のほう。

自分で言った以上は、やらないといけない。

そう自分に言い聞かせるために、言葉にして、ルールにするわけです。

私は性格的にひとつのことに集中しすぎてしまうので、そうやって決めておかないと、抜け落ちてしまうんですね。たとえば仕事に一生懸命になりすぎると、家のことがおろそかになってしまう。そういう自分がわかっているので、甘えて、さぼらないように、先に宣言しておくのです。

だんなさんは私より一〇歳年上ですから、年の差があるとどうしても考えかたも違います。だから、お互いに合わせる努力をしなくちゃいけない。長く続けていけるように、最初の気持ちを忘れないでいたいと思います。

自分で言った以上は、やらないといけない。
そう自分に言い聞かせるために、
言葉にして、ルールにするわけです。

みんながうれしいことが、とてもうれしいです。

先日、三〇万円分の買い物をしました。おせんべいや洋菓子、合わせて数十箱はあったでしょうか。ターミナルビルにあるお店と自分の机のある事務所を四往復《おうふく》したんです。こんなにたくさんいっぺんに買うのはもちろん生まれてはじめてです。

私が働く日本空港テクノは、羽田空港を運営《うんえい》する日本空港ビルデングのグループ会社です。その親会社から社長賞をいただいたのです。三〇万円はその副賞です。受賞《じゅしょう》はとてもうれしかったんですが、気になることがありました。新津春子個人への授賞だったことです。うれしいけどそれはちょっと違うんじゃないかな？と思いました。

なぜかって、こんなに広い空港を清潔に保《たも》つなんて、私一人でできるわけがないからです。全員の力を合わせて達成したことで、私は単に代表として名前があるだけ。この賞は本当はみんなにもらったもの。だからみんなで分かち合いたいと思いました。そうだ、空港のお店で何か買えば、賞をくれた親会社にも還元することになるんじゃないかな。そう思って、空港に入っているお店にお願いして、賞をいただいたその日に買いに行ったんです。

それから、第1旅客ターミナル、第2旅客ターミナルを全部回って、各部署《ぶしょ》や関連会社、協力会社、みんなに配《くば》りました。そのときに在席《ざいせき》していた人に「みんなで食べて」と渡したんですが、渡された方は最初びっくりしたみたいです。でも、「社長賞をいただいたんだけど、私個人ではなくみんなの力だと思うから、みんなで分けたいんです」と説明すると、喜んで受け取ってくれました。

配り終わったあとも大変でした。それぞれの部署で、「新津さんにもらったおせんべいです」みたいな感じで配られたんでしょうね。顔見知りのあの人この人から、「これどうしたの？　もらっていいの？」と、次々に電話がかかってきたんです。ひとりひとりに説明すると、やはりみんな喜んでくれて、「ありがとう」「こちらこそいつもありがとう。これからもよろしく」というようなやりとりが続きました。

その日は一日中、なんだかにぎやかに過ぎていきましたが、とても楽しかった。

あの社長賞は、一緒に働く仲間と喜びを分かち合い、互いに感謝の気持ちを表す機会をいただいたのかなと思っています。

この賞は本当はみんなにもらったもの。
だからみんなで分かち合いたいと思いました。

「あなた個人がもらうのはおかしいんじゃない？」

親会社の社長賞をいただいて、副賞三〇万円を全部お菓子に換えて、みんなに配ったというできごとがあった、その日の裏話《うらばなし》です。

実はその日、真っ先にだんなさんに電話をしました。やはり金額が大きいですから、賞金をもらうのが少し怖くなったんですね。

「こういう金額をもらっちゃったんだけど、あなたならどうしますか？」と聞いたら、「あなた個人がもらうのはおかしいんじゃない？」と言います。おお、やっぱりそうだと思って、「じゃあ、あなただったらどうする？」と聞いてみたら、「何か買って、みんなに分けたら」とアドバイスをくれたのです。それで私は、あ、じゃあ全額使える！　と思って、おせんべいを買いに行ったのでした。

私が一〇〇パーセントの力で仕事することができているのは、だんなさんが理解してくれているから。だから、三〇万円をどう使うかを決めるときも、自分で勝手に決めるのではなく、パートナーであるだんなさんの意見を聞いてから決めようと思ったのでした。

その少し前に、自分の会社からも賞をいただいたのですが、そのときは私個人だけでなく、部署にも賞をいただいたので、自分の分をありがたくいただいたんです。そのときも、半分をだんなさんへ渡して、残りは仏壇の前に置きました。ご先祖《せんぞ》様のための費用にしてくださいねという意味です。

女性が働くには、家族がいちばん大きいです。主任とか課長といった責任のある役職につくのは、私のように結婚していても子どもがいないか、独身の人でないと、実際にはまだなかなか難しい。特に現場のある仕事では、問題のないときはいいのですが、何かあったときに責任者がその場にいてあげられないと、自分の部下たちがかわいそうになると私は思うんです。

だんなさんに感謝しつつ、私はもう少し、今の自分の責任を果たしていきたいなと思うんです。

だんなさんに感謝しつつ、私はもう少し、
今の自分の責任を果たしていきたいなと思うんです。

六〇代でまた大会に出て、絶対に一位をとろうと思ってます。

私は今年から新たに「環境マイスター」として、後輩の育成《いくせい》にあたっています。マイスターとは、職人という意味です。清掃の技術すべてに習熟していること、心を込めた清掃ができ、それを人に教えられること。さらに、ビルクリーニング技能競技会で全国一位をとっていること。これがうちの会社の「環境マイスター」の条件《じょうけん》です。

これからの一〇年の私の目標は、自分の次に環境マイスターになる人材を育てることです。そのためには自分も常にアップデートしていなければいけないし、体力的にもできるだけ維持していたい。

じゃあ、それを終えたあとは？　定年を迎えたら、どうするの？

私は、六〇代でもう一回、ビルクリーニング技能競技会に出ようと思っています。二〇代のときに一緒に働いていた先輩に言われたことがあるんです。「あなたは若いかもしれないけど、負けないわよ」って。ちょっと性格のきつい先輩だったんですが、そう言われるとこちらも「おお！」と思うわけです。だから、私も「負けないわよ」と言える先輩でいたいと思うんですね。

通常の競技会には出られないのですが、これまでの受賞者を対象としたグランドチャンピオン大会があります。それで絶対に一位をとろうと思っています。そうして、「若い人には負けないわよ」と言いたい。

だって、今の私の四五歳という年齢で言っても中途半端《ちゅうとはんぱ》じゃないですか。六〇代になって一位をとれたら、それを言ってもかっこ悪くないかなと思うんです。七〇歳になっても、生きていれば清掃の仕事は続けているんですから、そのときにまた何かしようかなと思います。

まわりに年配の女性が多いのでよく聞くんですが、女性の更年期は早い人で四五歳から始まるのだそうですね。目が悪くなったり、体力も急に落ちていく。まだ私は次の環境マイスターを育てるという目標があるから、五五歳までは何があっても体力を維持していたい。今から鍛えておいて、多少落ちても人並み以上にしておきたいんですね。人並みの体力では嫌なんです。
まわりの年配の女性たちの話を聞くと、自分がその年齢になったとき、どうなっていたいかとイメージするんですね。そこから逆算《ぎやくさん》して、五〇歳でここまではクリアしていたい、五五歳でここまでと、そういう感じでイメージしているんです。

七〇歳になっても、
生きていれば清掃の仕事は続けているんですから、
そのときにまた何かしようかなと思います。

だんなさんに電話させたら、お義母さんが、「何かあったの!?」って。

だんなさんとまだお付き合いをしていたころのことです。

母の日がもうすぐで、今年はどうしようかなと考えていたんですね。それで何気《なにげ》なく、「もうすぐ母の日だけど、何かしてるの?」とだんなさんに聞きました。すると、「いや、何もしてない」という返事。「じゃあ実家に帰ったりは?」「三、四年に一度帰るぐらいかな」。私は驚いて、「なにそれ!」と声を上げてしまいました。

中学生のときにお父さんが亡くなって、お母さんが働いていたから、いつもうちにいなかったそうです。自分も中学生から新聞配達をしていて、販売所に寝泊《ねと》まりすることも多かった。だから親にはあんまり……と。

ああ、この人も寂《さび》しい人なんだなあ、と思いました。でも、やっぱり今のままではよくないから、「とりあえずお花を贈《おく》りましょう。そして、せめて電話一本でも入れてください」と言ったんですね。だんなさんも、まあそうかな、という感じで、母の日に実家のお母さんに電話したんです。そうしたら、今度はお義母さんがびっくりしてしまって、「何かあったの⁉」って。電話がかかってきたのなんてはじめてだから、って。

びっくりさせるあなたがいけないんですよとだんなさんに言いましたが、お義母さんはとてもうれしかったようです。それから三年後に亡《な》くなりましたが、今も仏壇に写真を飾《かざ》って、私は毎朝お義母さんと話をしています。だんなさんははじめ仏壇に写真を置くことも気がすすまないようでしたが、私が「忘れないために置いておくだけだから」と言うと、それ以上は何も言いませんでした。

中国ではしょっちゅうお墓参り《はかまい》に行きます。お掃除して、お線香《せんこう》をあげて。年四回では少ないぐらいです。お線香が燃え終わるまでそこにいるのが中国式の作法《さほう》なので、私の実家のお墓にお参りするときは、そのあいだ、亡くなったおばあちゃんとよく話をします。「こんなことがあったよ、あんなことがあったよ」などと実際に声に出して話すので、まわりに人がいたりするとだんなさんは「やめなさい」と恥ずかしそうにしているんですけどね。

私は特別に信仰心が篤《あつ》いわけではありません。むしろ、目に見えないものは信じないほう。なんといっても私が生まれたころの中国は文化大革命の時代で、宗教《しゅうきょう》は禁《きん》じられていましたから。でも、両親や先祖を大切にするのは自然な気持ち。いつも見守っていてくれているような気がするんです。

両親や先祖を大切にするのは自然な気持ち。
いつも見守っていてくれているような気がするんです。

だんなさんは一〇歳年上だから、「死ぬんだったら九〇歳を超えてからにしてください」と言ったことがあります。

だんなさんと結婚する前に、ひとつだけ、絶対に守ってくださいという条件をつけました。それは、体だけは大事にしてください、ということです。だんなさんは私より一〇歳年上です。順番でいけば、私の方がひとりになります。それは寂しい。早く死んでしまったら絶対に許《ゆる》さないからと言ったことを覚えています。「死ぬんだったら九〇歳を超えてからにしてください」って。「若い奥さんをもらうというのはそういうこと、それがあなたの責任ですからね」。だんなさんは「がんばります」と言っていました。

偉いなと思うのは、結婚してからは暴飲暴食《ぼういんぼうしょく》をしなくなったことです。たばこも、一日二箱吸《す》っていたのを減らしていって、マンションを購入《こうにゅう》するときに「やめます」と宣言してからは、一切《いっさい》吸っていません。

私はまったく口を出していません。体調管理は全部自分でやってもらっています。私がやっているのは、青汁《あおじる》やセサミンを買ってあげてるぐらい。私生活ではすべて、だんなさんにリードしてもらっています。日本でよく言われる「尻に敷《し》く」みたいなことは全然わかりません。全部、私がだんなさんに合わせていますから。どこかに行くときも、私はついていくだけ。私生活では私は何も決めないんです。

毎年お盆の時期に一緒に花火大会に行くのが約束なんですが、忙しいと、ついその日に仕事や用事を入れてしまうんです。しかも二年前から講師を引き受けているハウスクリーニング協会の講習の初日に当たるので、当番になると帰りが遅くなり、去年は花火大会に行けませんでした。今年の夏も、テレビを見ていたときに花火が映って、「そういえば今年はどうなってる?」と聞かれて、「え? 何があるの?」と言ってしまいました。「花火大会でしょ! 去年もすっぽかされているんだからね」と言われて、はっ! と思い出したぐらい。今年も当番は入れてしまっていたんですが、花火に間に合うように急いで帰りました。

私生活のことはそんな感じで、全然ダメなのです。とにかくひとつのことに夢中になりすぎる性格で、テレビをつけて晩ごはんを食べていると、テレビに夢中になってしまって、ごはんを食べるのを忘れるぐらい。「ほら、ずっとお箸《はし》止まってるよ！」って。

だんなさんが頼りなんです。

日本でよく言われる「尻に敷く」みたいなことは
全然わかりません。
全部、私がだんなさんに合わせていますから。

そのおばさんが、「大変だったね」と言いながら、ずっと背中をなでてくれました。

私は小さいころから、年配の人にすごく憧《あこが》れがありました。

私の母は七人きょうだいの長女ですが、おばあちゃんは末の男の子と暮らしていたので、小さいときはおばあちゃんと暮らすことはありませんでした。でも私は、いろんなことを教えてくれる、優しいおばあちゃんが大好きでした。

私たちが日本に来たあと、母のきょうだいが交代で二人ずつ日本にやって来て、半年間ずつ、わが家で暮らしたことがあります。そのときにはじめておばあちゃんと一緒に暮らしたんですが、ものすごく楽しかった。

私が高校生のとき、早く起きてバイトに行くのですが、おばあちゃんが毎朝起こしてくれるんです。ぽんぽんと叩《たた》いて、「大丈夫？　起きられる？」って。学校に行ったことがなく、字の読めないおばあちゃん。慣《な》れない日本での暮らしに、毎日一生懸命でした。優しい声とか、しゃべりかたもすごく心地よくて、おばあちゃんが一緒にいてくれるだけでうれしかったのをすごく覚えています。今でも、思い出すと涙が出てきてしまいます。

アルバイト先でも、年配の女性に助けられました。アルバイトの先輩で、とても優しいおばさんがいたんです。私は一時期、激しいストレスでひどく胃が痛いときがありました。もう、針で刺されるように痛いのです。それでも仕事はやらないといけませんから、みぞおちのところにベルトをぎゅっと強く締めて、なんとか痛みを押さえ込んで働いていました。仕事が終わってベルトをはずすと、ぱたっと倒れ込んでしまうんです。そうすると、そのおばさんが、「大変だったね」と言いながら、ずっと背中をなでてくれました。

自分もそういうおばさん、おばあちゃんになりたいな、なれているのかな、と思います。

年配の方への特別な思いがどうして生まれたのか、自分でもよくわかりません。

ずっと守ってくれる、絶対に味方《みかた》でいてくれるという安心感でしょうか。そういう無条件の愛情を、きっと私は、とても必要としていたんだと思います。

両親は一生懸命愛情を注いでくれたと思いますが、基本的には自分のことは自分でしなさいという教育方針でした。優しく甘《あま》やかしてくれたり、悩み事を聞いてくれたりしたことは一度もなかった。だからたぶん、自分のなかでそういうことをどこかで求めようとしていた部分があったのかなと思います。

お義母さんのことも大好きでした。おばあちゃんもお義母さんも亡くなってしまいましたが、想像のなかで会っているような気がするのです。記憶と想像を重ねるから、その思いがずっと薄《うす》れずに残っていて、今でも私のなかで生きているような気がします。

おばあちゃんもお義母さんも亡くなってしまいましたが、
想像のなかで会っているような気がするのです。

⑬「出入り口」にはマットを

玄関やベランダなどの出入り口は、家の外と内の境界にあたります。外の汚れを内に持ち込まないように、出入り口にも工夫を。

わが家では、玄関ドアの外側と内側、両方にマットを敷いています。うちに帰ってきて、カギをあけるときに立ち止まる場所がありますよね。そこにまず、吸水性があって泥《ど》落《ろ》としができるマットを置いています。そして、ドアを開けた内側にも大きめの室内用玄関マットを敷いているんです。二段構えで防いでいるので、うちの玄関まわりには砂ぼこりはありません。

ベランダへの出入り口も同様です。ベランダ用の靴は外に置いてあるわけですから、砂やほこりをかぶっていますよね。それを靴下にくっつけて家の中に持ち込んでしまわないように、わが家では内側にもマットを置いてあります。

玄関やベランダの掃き掃除、拭き掃除はこまめに。そこが汚れていると、人が歩くたびに汚れを中に持ち込んでしまうことになりますから。

⑭ 洗濯機とベランダの排水口も忘れずに

キッチンやお風呂場などの水回りは比較的意識してきちんと掃除できている人も多いと思いますが、意外に忘れがちなのが、洗濯機とベランダの排水口です。

洗濯機の排水口は、洋服のわたぼこりや洗剤のかすがこびりついて臭いのもとになりますから、定期的に分解して洗いましょう。わが家では、月に一度、全部ばらして洗っています。

マンション住まいならベランダも気をつけなければいけません。気がつくと排水口のところに葉っぱがいっぱいたまっていて、水が流れず、雨水があふれたりすると下の人に迷惑をかけてしまいます。こまめな掃除を心がけましょう。

⑮ エアコンをつけるときは扇風機を「反対側の部屋」に

エアコンを使うときに扇風機と併用するのはわりと常識になってきていると思いますが、わが家では、エアコンを使っている部屋の「反対側の部屋」で扇風機をまわしています。

わが家は、リビングのとなりがだんなさんの部屋兼衣装部屋という間取りになっています。いちばん利用頻度が高いのはリビングで、エアコンを使うことも多いのですが、リビングが涼しく快適になる分、そちらの部屋が蒸《む》し暑くなってしまうんです。蒸し暑いのは、カビが出やすい環境ということ。それを防ぐのも、家全体をよい状態に保つには重要なことです。人がいない部屋ほど窓を開けたり扇風機をかけたりして、家全体で空気の流れを作るようにしましょう。

世界一清潔《せかいいちせいけつ》な空港《くうこう》の清掃人《せいそうにん》　朝日文庫

2023年7月30日　第1刷発行

著　者　新津春子《にいつはるこ》

発行者　宇都宮健太朗
発行所　朝日新聞出版
〒104-8011　東京都中央区築地5-3-2
電話　03-5541-8832（編集）
03-5540-7793（販売）
印刷製本　大日本印刷株式会社

ISBN978-4-02-262079-8